Timo Fuchs

E-Bikes und die nachhaltige Entwicklung in Deutschland

Die sozialen, ökonomischen und ökologischen Aspekte der Nachhaltigkeit

I

Bibliografische Information der Deutschen Nationalbibliothek:

Die Deutsche Nationalbibliothek verzeichnet diese Publikation in der Deutschen Nationalbibliografie; detaillierte bibliografische Daten sind im Internet über http://dnb.d-nb.de abrufbar.

Impressum:

Copyright © EconoBooks 2020

Ein Imprint der GRIN Publishing GmbH, München

Druck und Bindung: Books on Demand GmbH, Norderstedt, Germany

Covergestaltung: GRIN Publishing GmbH

Inhaltsverzeichnis

Abbildungsverzeichnis

Tabellenverzeichnis

Abkürzungsverzeichnis

CO_2	Kohlenstoffdioxid
DNS	Deutsche Nachhaltigkeitsstrategie
ISO	Internationale Organisation für Normung
LCA	Produktbezogene Lebenszyklusanalyse bzw. Ökobilanz
LCC	Lebenszykluskostenrechnung
LCSA	Lebenszyklusbasierte Nachhaltigkeitsanalyse
NHI	Nachhaltigkeitsindikator
NHIZ	Nachhaltigkeitsindex
NOX	Stickoxid
PM10	Feinstaub
SLCA	Produktbezogene Sozialbilanz

1 Einleitung

1.1 Bedeutung des Themas

Von 2006 bis 2016 ist die Anzahl an verkauften Elektrofahrrädern[1] pro Jahr in Europa von 98.000 auf 1.667.000(+1600%) angestiegen. Circa jedes dritte Elektrofahrrad wurde dabei in Deutschland verkauft (vgl. CONEBI, 2017, S.29 und S.31). Für den steigenden Absatz gibt es klare Gründe: „Die Vorzüge und Einsatzmöglichkeiten von E-Rädern sind vielfältig: Sie erleichtern das Überwinden größerer Distanzen, ermöglichen den Transport größerer Lasten, natürliche Hindernisse wie Höhenunterschiede oder Gegenwind lassen sich leichter bewältigen" (Wachotsch et al., 2014, S.4). Somit ist das Elektrofahrrad eine klare Verkehrsalternative zum Fahrrad, öffentlichen Nahverkehr oder PKW (vgl. Schleinitz et al., 2014, S.12-14).

Auf die schnelle Verbreitung von Elektrofahrrädern wurden unter anderem auch die Politik und die Wissenschaft aufmerksam. Zum einem gab es einen neuen Verkehrsteilnehmer für bestehende Verkehrskonzepte zu berücksichtigen, zum anderen stellte sich eine Vielzahl von wissenschaftlichen Fragen im Zusammenhang mit Elektrofahrrädern. Somit wurden u.a. Fragen zu Gesundheitsauswirkungen (vgl. Gojanovic, 2011, S. 2204ff.), Sicherheitsrisiken (vgl. Clark, 2017, S.31-32) und Umwelteinflüssen (vgl. Abagnale et al., 2015, 1-7) in Bezug auf das Elektrofahrrad untersucht. Auch wurde von der deutschen Politik eine Studie in Auftrag gegeben, welche analysierte, inwiefern das Elektrofahrrad den Verkehr bestmöglich entlasten kann (vgl. Ahrens et al., 2013, S.101ff.)

Besonders für die Verkehrspolitik sind Verkehrsmittel wie das Elektrofahrrad von Bedeutung. Im Zeitalter von globalen Problemen wie Umweltverschmutzung, Ressourcenknappheiten und drohendem Klimawandel trägt der Verkehr zu großen Teilen bei. So entstanden im Jahr 2015 durch den Straßenverkehr 17,7% des klimaschädlichen CO_2-Ausstoßes in Deutschland, 61% davon allein durch die Verwendung von PKWs (vgl. BMU, 2017, S. 37). Spricht man in diesem Zusammenhang über Konzepte zur Lösung der oben genannten Probleme, so hat sich über die letzten Jahre der Begriff des nachhaltigen Verkehrskonzepts etabliert. Besonders das Elektrofahrrad wird in modernen Konzepten als nachhaltige Lösung bezeichnet (vgl. Kämper et al., 2016, S.331-345).

---

[1] Bei Elektrofahrrädern handelt sich um einen Übergriff für elektrounterstützte Fahrräder wie dem Pedelec, E-Bike oder R-Rad (vgl. Wachotsch et. al, 2014, S.4).

1.2 Gegenstand der Untersuchung

Die vorliegende Arbeit untersucht auf Basis wissenschaftlicher Literatur, Methoden sowie Theorien, ob die Verwendung des Elektrofahrrads eine nachhaltige Lösung innerhalb Deutschlands darstellt. Im Fokus der geführten Literaturanalyse stehen die *Nachhaltigkeit*, Methoden zur *Nachhaltigkeitsanalyse*, das Elektrofahrrad sowie Fachbeiträge, welche im Zusammenhang mit der Nachhaltigkeit und dem Elektrofahrrad stehen.

Im ersten Schritt gilt es daher zu untersuchen, wie Nachhaltigkeit definiert wird, welche Analysemethoden existieren und wie diese Methoden auf das Elektrofahrrad angewendet werden können. Besonders gilt es die Methoden der *Nachhaltigkeitsindikatoren (NHI)*, der *Nachhaltigkeitsindizes (NHIZ)* sowie der produktbezogenen Analysen: *Lebenszyklusanalyse* (LCA), *Lebenszykluskostenrechnung* (LCC), *produktbezogene Sozialbilanz* (SLCA) sowie die *lebenszyklusbasierte Nachhaltigkeitsanalyse* (LCSA) zu betrachten und im Anschluss mit Blick auf die Anwendung am Elektrofahrrad kritisch zu bewerten.

Im Folgenden gilt es den Untersuchungsgegenstand, das Elektrofahrrad, genauer zu betrachten. Dabei wird auf die wesentlichen Typen und Eigenschaften von Elektrofahrrädern sowie die aktuelle Elektrofahrradsituation in Deutschland eingegangen. Der Fokus liegt dabei auf dem meistvertretenden Elektrofahrradtyp, dem *Pedelec*.

Mit einem Basiswissen zum Thema Nachhaltigkeitsanalyse und Pedelec kann im Anschluss die Anwendung der LCSA auf das Pedelec erfolgen. Als Leitfaden ist hier die Definition von Klöpffer (vgl. 2008, S. 89-94) anlehnend am LCA Standard (vgl. ISO, 2006, S. 15-53) zu sehen. Dabei gilt es den *Untersuchungsrahmen*, die *Sachbilanz*, die zu erfassenden *Ströme* sowie die *Wirkungsabschätzung* auf Basis von Fachliteratur aufzubauen, um diese im Anschluss auszuwerten.

1.3 Ziel und Gang der Untersuchung

1.3.1 Ziel der Untersuchung

Das Ziel der Untersuchung ist die Beantwortung der Frage: „In welchem Ausmaß kann die Nutzung des Elektrofahrrads die nachhaltigen Entwicklungen in Deutschland beeinflussen?". In diesem Zusammenhang ist auf folgende Teilfragen einzugehen:

1. Wie und durch welche Methoden lässt sich Nachhaltigkeit messen?

2. Welche Methode eignet sich für die Untersuchung der nachhaltigen Eigenschaften des Elektrofahrrads?

3. Welche Nachhaltigkeitsindikatoren werden durch das Elektrofahrrad beeinflusst? Welche Daten lassen sich hierzu in Fachbeiträgen und Fachliteratur finden?

4. Welche Bedeutung haben, aus Sicht der Wirtschaft, die nachhaltigen Eigenschaften des Elektrofahrrads?

1.3.2 Gang der Untersuchung

Das zweite Kapitel grenzt die wesentlichen theoretischen Begriffe: Die *Nachhaltigkeit*, die *nachhaltige Entwicklung*, die *ökologische*, *ökonomische* und *soziale Nachhaltigkeitsdimension* sowie die *drei grundlegenden Nachhaltigkeitskonzepte*, ab. Im weiteren Verlauf gilt es auf die wissenschaftlichen Methoden der *Nachhaltigkeitsanalyse* einzugehen, diese kritisch zu bewerten und zu prüfen, welche der Analysen sich am besten für die Bewertung des Elektrofahrrads auf Basis der Zielsetzung eignet.

Das dritte Kapitel stellt den Untersuchungsgegenstand Elektrofahrrad und hier insbesondere den Typ Pedelec vor. Im Fokus steht das Basiswissen zum Pedelec, des Weiteren wesentliche Komponenten sowie die Marktsituation in Deutschland.

Auf dieser Basis gilt es in Kapitel 4 am Pedelec die LCSA anzuwenden. Anlehnend an dem internationalen LCA - Standard (ISO, 2006) werden die vier Phasen: Ziel & Untersuchungsrahmen, Sachbilanz, Wirkungsabschätzung und Auswertung bearbeitet. Dabei soll innerhalb der Analyse auf Basis von Fachartikeln der Untersuchungsrahmen und die für die Sachbilanz und Wirkungsabschätzung zu betrachtenden NHIs kritisch betrachtet und bestimmt werden. Für eine bessere Aussagefähigkeit gilt es innerhalb der Sachbilanz einen Vergleich vom Pedelec zum Fahrrad und PKW durchzuführen.

Im abschließenden Kapitel werden die Ergebnisse zusammengefasst kritisch betrachtet, um zu prüfen, ob die gestellten Untersuchungsfragen beantwortet werden können.

2 Theoretischer Rahmen

Ziel des Kapitels ist es einen theoretischen Rahmen zum Thema Nachhaltigkeit zu schaffen sowie einen Zusammenhang zwischen der Nachhaltigkeit und dem Untersuchungsgegenstand Elektrofahrrad aufzuzeigen. Hierfür werden zuerst die wesentlichen Begriffe vorgestellt sowie ein kurzer historischer Rückblick zum Thema Nachhaltigkeit gegeben. Im Anschluss wird auf die verschiedenen Kapitalarten sowie Modelle der Nachhaltigkeit eingegangen, auf denen moderne Nachhaltigkeitskonzepte sowie -analysen beruhen. Ein besonderer Schwerpunkt liegt dabei auf den Nachhaltigkeitsanalysen, welche im Anschluss kritisch auf die Anwendung auf das Elektrofahrrad zu prüfen sind.

2.1 Abgrenzung der Begriffe

2.1.1 Definition: Nachhaltigkeit und nachhaltige Entwicklung

„Nachhaltigkeit" oder „nachhaltige Entwicklung" sind Begriffe, welche in der heutigen Gesellschaft alltäglich, teils wahllos, mit den verschiedensten Themengebieten in einen Zusammenhang gebracht werden. Setzt man sich jedoch ausschließlich mit der Definition der beiden Begriffe auseinander, stellt man zu einem fest, dass eine eindeutige Definition schwerfällt, zum anderen, dass die Begriffe häufig zweckentfremdet oder einfach falsch angewendet werden (vgl. Kiss, 2011, S 1-4). So beschreiben Grunwald & Kopfmüller (vgl. 2012, S. 11) die nachhaltige Entwicklung als den Prozess einer gesellschaftlichen Veränderung, während der Begriff Nachhaltigkeit den Zustand am Ende dieses Prozesses beschreibt. So detailliert Hauff (1987, S. 46) das Ziel dieses Prozesses: „... die Bedürfnisse der Gegenwart zu befriedigen, ohne zu riskieren, dass künftige Generationen ihre eigenen Bedürfnisse nicht befriedigen können". Anders formuliert heißt dies, die Situation der heutigen Generationen zu verbessern bzw. zu entwickeln und gleichzeitig Lebenschancen Zukünftiger nicht zu gefährden (vgl. Grunwald & Kopfmüller, 2012, S. 11). Auch wird bei der Nachhaltigkeit von einer Art „Erbe" der Gesellschaft gesprochen, welches den Erhalt von Umwelt, Ressourcen, Soziales und Wissen beinhaltet (vgl. Glatzner, 2002, S. 70). Historisch betrachtet existiert jedoch ein wirtschaftlicher Ansatz.

2.1.2 Historischer Hintergrund des Begriffs der Nachhaltigkeit

Geschichtlich findet man den Ursprung des Begriffs „Nachhaltigkeit" in der Forstwirtschaft des 17. Jahrhunderts. Ein Berghauptmann namens Hans Carl von Carlowitz beobachtete, wie die wichtige Ressource Holz zunehmend zu einer Mangelware wurde. Ihm wurde klar, dass ohne eine Aufforstung der Wälder auf kurz oder lang kein Holz mehr zu der Verfügung stehen würde. Er richtete ein Kreislaufsystem ein, in welchem ausreichend Bäume nachgepflanzt wurden, um eine kontinuierliche Abholzung bzw. eine *nachhaltige* Abholzung zu gewährleisten. Diese Art des Wirtschaftens wurde zu einem Leitbild und fand im Folgenden auch in vielen anderen Gesellschaftsbereichen Anklang (vgl. Schmidt, 2007, S 8-9).

Bis zu der heutigen Zeit hat sich der Begriff und die Bedeutung der Nachhaltigkeit und nachhaltigen Entwicklung mehr und mehr gesellschaftlich etabliert. Als ein maßgeblicher Auslöser hierfür gilt die UN-Konferenz für Umwelt und Entwicklung (UNCED) im Jahre 1987, welche sich zum Ziel setzte, Methoden, Kriterien und Umsetzungsstrategien für eine nachhaltige Entwicklung zu suchen, die zu einem zentralen Thema der Politik, Wirtschaft und Wissenschaft geworden war. Die Ergebnisse der Konferenz wurden im *Brundtland-Bericht* festgehalten, welcher als Meilenstein der nachhaltigen Entwicklung gilt. In diesem Bericht werden Themen wie Entwicklungs- und Umweltpolitik miteinander verknüpft sowie ein Fokus auf die gemeinschaftliche Betrachtung von sozialen, ökologischen und ökonomischen Problemen gelegt (Vgl. Herrmann, 2010, S. 44-45). Als Resultat der Konferenz verabschiedeten die 172 anwesenden Länder die *Agenda 21*, welche zum ersten Mal ein internationales Leitbild der nachhaltigen Entwicklung formulierte (vgl. Burschel et al., 2004, S. 22-24). Aufgrund unterschiedlicher Ausgangssituation der beteiligten Länder zeigte sich aber, dass nicht die nachhaltige Entwicklung, sondern das Erreichen von Grundbedürfnissen, wie Essen, Sicherheit und Stabilität verfolgt wurden (vgl. Lozano, 2008, S.1838). Im Folgenden entwickelten sich verschiedenen Nachhaltigkeitskonzepte, die sich im Besonderen in den sogenannten Kapitalarten / Dimensionen der Nachhaltigkeit unterscheiden (vgl. Birkmann, 1999, S.16).

2.1.3 Kapitalarten / Dimensionen der Nachhaltigkeit

Eine grundlegende Definition der Kapitalarten der Nachhaltigkeit - auch genannt Dimensionen - basiert auf einem Kapitalkonzept aus den 1970ern. In diesem kann dem „Kapital" eine monetäre (ökonomische), eine physikalische (ökologische) sowie eine qualitative (soziale) Größe zugeordnet werden.

Das Kapitalkonzept ist aus Blick der Nachhaltigkeit erweitert, welches zu folgenden Definitionen führt (vgl. Ott, 2004, S. 188f.).

- Das **ökologische Kapital** umfasst den Bestand an im Ökosystem vorhandenen erneuerbaren Ressourcen und Boden sowie ökologische Faktoren wie Nahrungskreisläufe, Klimasysteme und Sonnenenergie. Darüber hinaus grenzt das ökologische Kapital einen Raum ein, in welchem ein quantifizierbarer, erschöpflicher Vorrat an Ressourcen vorhanden ist (vgl. Kleine, 2009, S.10). Insbesondere gilt es als das für den Menschen überlebensnotwendige Kapital, dessen Veränderung oder Wegfall schwere Konsequenzen für diesen hätte (vgl. Grunwald & Kopfmüller, 2012, S.54-56).

- Das **ökonomische Kapital** bildet das wirtschaftliche Produktionskapital bestehend aus Sach-, Wissens- und Humankapital (z.B. technische Anlagen, Patente oder das Knowhow von Mitarbeitern) sowie die in die Wirtschaft eingebrachten Ressourcen. Dabei lässt sich das ökonomische Kapital, von den drei Kapitalarten, am besten quantifizieren, da dieses in der Regel in Geldeinheiten gemessen wird (vgl. Pfister, 2002, S. 29f.).

- Als drittes ist das **soziale Kapital** schwieriger als die beiden anderen Kapitalarten einzugrenzen. In der Volkswirtschaft wird unter dem Sozialkapital vor alledem die materielle Infrastruktur wie Sachanlagen und öffentliche Einrichtungen verstanden. Einen weiteren immateriellen Ansatz verfolgt Kleine (2009, S. 11): „...die Beziehungen zwischen den Menschen zum Vorteil der beteiligten Individuen, über die verschiedene Organisationsstufen hinweg bis hin zu übergeordneten formalen Institutionen". Auch lässt sich das soziale Kapital als das Kapital ansehen, welches die Entwicklung der Gesellschaft fördert bzw. die Lebensqualität innerhalb dieser beschreibt. So zeigt sich zusammengefasst, dass die Bewertung des Sozialkapitals in beträchtlichen Anteilen subjektiv und qualitativ ausfällt, womit sich ein konkreter Wert des Sozialkapitals nur schwer bestimmen lässt (vgl. Empacher & Wehling, 2002, S.38-46).

Betrachtet man die drei Kapitalarten wie in Abbildung 1, so wird sichtbar, dass diese sich überschneiden. Zum Beispiel kann das ökologische Kapital Kohle zum produktiven Kapital und somit ökonomischen Kapital der Stromindustrie werden. Es zeigt sich weiterhin, dass die Zuordnung einzelner Kapitalformen sich in verschiedene Kategorien unterteilen lässt. So kann das Humankapital aufgrund wirtschaftlicher Effekte sowohl dem ökonomischen Kapital, als auch aufgrund menschlicher Faktoren dem sozialen Kapital zuordnen werden (vgl. Kleine, 2009, S. 12).

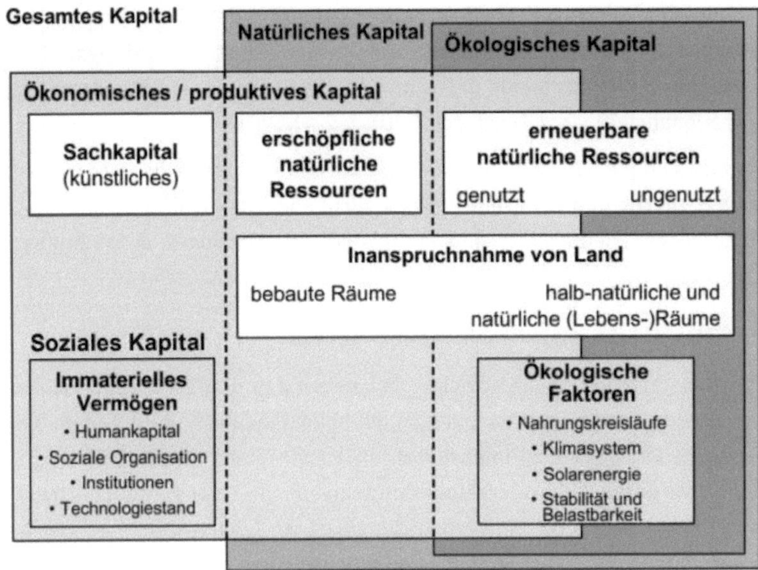

Abbildung 1: Überschneidung zwischen Kapitalarten
Quelle: In Anlehnung an Hediger, 1999, S. 1124

Möchte man nun einen Sachverhalt aus Sicht der Nachhaltigkeit definieren und Kapitalarten zuweisen, so erfolgt dies häufig aus Sicht des Zuordnenden z.B. der Wissenschaft, Wirtschaft, Gesellschaft oder Politik. Auf Basis unterschiedlicher Definitionen und ausgelöster Nachhaltigkeitsdebatten, entstanden über die Dekaden entsprechende grundlegende Modelle der Nachhaltigkeit (vgl. Toman, 1992, S.3-6).

2.2 Grundlegende Modelle der Nachhaltigkeit

Im Wesentlichen sind drei grundlegende Modellarten der Nachhaltigkeit zu nennen: Das *ökologische Nachhaltigkeitsmodell*, die *mehrdimensionalen Modelle* und die *integrativen Nachhaltigkeitsmodelle*. Im Fokus aller Modelle steht der Erhalt der Menschheit, ihre Entwicklung und die Befriedigung ihrer Bedürfnisse (vgl. Grunwald & Kopfmüller, 2012, S. 53-68; Robinson, 2004, S. 380-382).

2.2.1 Ökologisches Nachhaltigkeitsmodell

Bereits vor dem Brundtland-Bericht, wird durch den *Club of Rome* ein Bericht zu den Grenzen des Wachstums veröffentlicht, in welchem die Nachhaltigkeit auf den Erhalt des ökologischen Kapitals begrenzt wird. (vgl. Meadows et al., 1972, S. 31f.). Die dadurch ausgelöste Nachhaltigkeitsdebatte fokussiert sich anfänglich auf den

ökologischen Gedanken, welcher zu der Definition des ökologischen Nachhaltigkeitsmodells - auch genannt *Ein-Säulen-Modell* – führt. So wird dieses Modell genutzt, um Umweltprobleme in Form von Umweltplänen und Umweltstrategien zu
operationalisieren (vgl. Nordbeck, 2001, S. 2-4).

Es zeigt sich jedoch, dass dieses Modell wesentliche Bereiche der Nachhaltigkeit,
wie z.B. soziale und kulturelle Aspekte, nicht abdeckt, die für die Befriedigung der
menschlichen Bedürfnisse notwendig sind (vgl. Grunwald & Kopfmüller, 2012,
S.56-57).

2.2.2 Mehrdimensionale Nachhaltigkeitsmodelle

Im Laufe der 90er Jahre entwickelt sich neben dem Ein-Säulen-Modell das Mehr-
Säulen-Modell, welches international auf hohe Akzeptanz stößt. Dieses betrachtet
neben der ökologischen Dimension zusätzlich die ökonomische und soziale Dimension sowie deren Wechselwirkungen miteinander. In einer gebräuchlichen Darstellung (siehe Abbildung 2), werden die einzelnen Dimensionen als gleichrangige
Kreise dargestellt. Dabei wird der Punkt, in welchem die drei Dimensionen ausge-
glichen berücksichtigt sind, als Zustand der Nachhaltigkeit gesehen. (vgl. Grunwald
& Kopfmüller, 2012, S. 57-60).

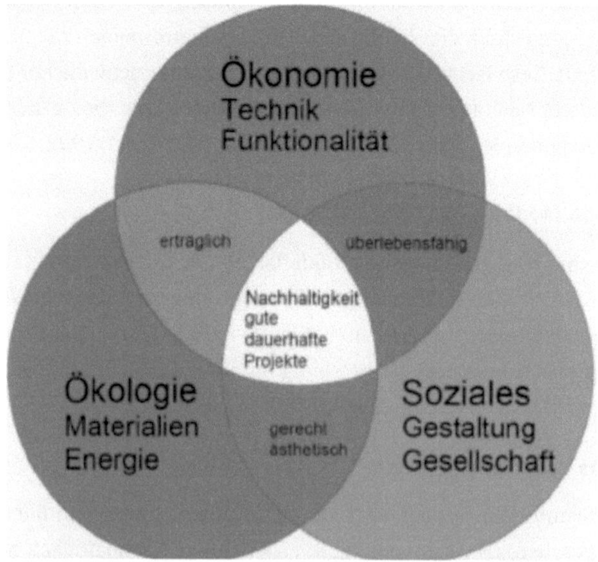

Abbildung 2: Mehr-Säulen-Modell der Nachhaltigkeit
Quelle: In Anlehnung an Domenico, 2017

Schwachstellen des Modells sind jedoch die unterschiedliche Interpretation des Gleichgewichts der Nachhaltigkeit sowie die Wechselwirkungen untereinander. Auch erweist sich eine Operationalisierung der Dimensionen als kompliziert, wodurch es schwerfällt, praktische Konsequenzen aus diesen abzuleiten (vgl. Jochum & Karl-Werner, 2000, S. 37-42). Weitere Kritikpunkte sind die Überfrachtung des Modells sowie eine fehlende Priorisierung. Vertreter dieser Kritik betonen, dass der Erhalt der ökologischen Dimension immer Vorrang haben sollte, da diese für das Überleben am wichtigsten sei (vgl. Grunwald & Kopfmüller, 2012, S. 59).

2.2.3 Integratives Nachhaltigkeitsmodell

Durch die vermehrt vorgebrachte Kritik am Mehr-Säulen-Modell - besonders auf Ebene der Politik - wird der Ruf nach einem Modell laut, welches diese Schwächen auffängt. Ausgangspunkt hierfür ist eine dimensionsübergreifende Darstellung der normativen Prämissen, Zukunftsverantwortung und Verteilungsgerechtigkeit. Durch die vielfältigen Verflechtungen der Dimensionen lässt sich eine Definition der Nachhaltigkeit ausschließlich in getrennten Dimensionen nicht vornehmen (vgl. Grunwald & Kopfmüller, 2012, S. 60-65).

Hieraus resultieren verschiedene integrative Modelle, ähnlich dem in Tabelle 1, im welchem generelle Ziele sowie Teilziele der nachhaltigen Entwicklung formuliert werden. Ein Erreichen dieser Ziele stellt somit die Mindestanforderung zum Erzielen des Zustandes der Nachhaltigkeit dar. Als wesentlicher Vorteil dieser Modelle gilt, dass die Zuordnung von Sachverhalten sowie die Operationalisierung von weiteren Zielen vereinfacht wird. Aus Sicht der Wirtschaft oder Wissenschaft erscheint die Verwendung solcher Modelle jedoch nicht immer als vorteilhaft, da diese in der Regel bereits politisch vorgeprägt sind (vgl. Kopfmüller, 2001, S.174-178; Grunwald & Kopfmüller, 2012, S. 64-65 und S.88-91).

Generelle Nachhaltigkeitsziele		
Sicherung der menschlichen Existenz	Erhalten des gesellschaftlichen Produktivpotenzials	Bewahrung der Entwicklungs- und Handlungsmöglichkeiten
Substanzielle Regeln		
Schutz der menschlichen Gesundheit	Nachhaltige Nutzung erneuerbaren Ressourcen	Chancengleichheit hinsichtlich Bildung, Beruf, Information
Gewährung der Grundversorgung	Nachhaltige Nutzung nicht erneuerbaren Ressourcen	Partizipation an gesellschaftlichen Entscheidungsprozessen
Selbstständige Existenzsicherung	Nachhaltige Nutzung der Umwelt als Senke	Erhalt des kulturellen Erbes und der kulturellen Vielfalt
Gerechte Verteilung der Umweltnutzungsmöglichkeiten	Vermeidung unvertretbarer technischer Risiken	Erhaltung der kulturellen Funktion der Natur
Ausgleich extremer Einkommens- und Vermögensunterschiede	Nachhaltige Entwicklung des Sach-, Human- und Wirtschaftskapitals	Erhaltung der sozialen Ressourcen

Tabelle 1: Die Nachhaltigkeits-Regeln
Quelle: Kopfmüller, 2011

2.3 Nachhaltigkeit und deren Bedeutung für die Wirtschaft

Aus Sicht einer Volkswirtschaft ist das Verfolgen von Nachhaltigkeitszielen, wie in Tabelle 1 dargestellt, u.a. für einen langfristigen Leistungserhalt, für die Begrenzung von Staatsverschuldung und für eine faire Teilnahme an Wirtschaftsprozessen von wesentlicher Bedeutung. Werden diese vernachlässigt, kann es auf Kosten folgender Generation zu irreparablen Wirtschaftsschäden sowie Einbußen auf Ebene internationaler Partnerschaften kommen (vgl. Grunwald & Kopfmüller, 2012, S.62-64). Auch für die in einer Volkswirtschaft agierenden Unternehmen ist das Thema Nachhaltigkeit ein elementarer Bestandteil für den langfristigen Unternehmenserfolg. So Schreibt Brugger (2010, S.1): „Nicht nur NGO's, Verbraucher und Politiker fordern mehr Transparenz unternehmerischer Werte, auch Finanzanalysten, Rating-Agenturen und Investoren und zunehmend auch Konsumenten interessieren sich verstärkt für Nachhaltigkeitsprofile von Unternehmen". Somit ist es für Unternehmen, deren Führung, Controlling, Marketing usw. essenziell, sich rechtzeitig mit dem Thema Nachhaltigkeit sowie Nachhaltigkeitsanalyse auseinanderzusetzen (vgl. Brugger, 2010, S. 1-4).

2.4 Die Nachhaltigkeitsanalysen – Ansätze, Theorien und Methoden

Betrachtet man den wissenschaftlichen Diskurs zum Thema „Nachhaltigkeit messen", so wird man hier mit zwei wesentlichen Meinungslagern konfrontiert. So fassen Heijungs et al. (vgl. 2010, S. 425) in ihrer Arbeit zusammen, welche Gründe für und gegen die Messbarkeit von Nachhaltigkeit sprechen. Gegen die Messbarkeit sprechen im Besonderen die qualitative Ausrichtung sowie die unklare Definition des Begriffs (vgl. Kiss, 2011). Doch zeigen Ökonomen und Wissenschaftler, wie Figge & Hahahn (2004) oder Spangenberg (2002), dass aufbauend auf den wesentlichen Nachhaltigkeitsmodellen, durch Nachhaltigkeitsanalysen eine Messung der Nachhaltigkeit möglich sei.

Im Wesentlichen haben sich drei Hauptkategorien von Nachhaltigkeitsanalysen etabliert: 1. Die Nachhaltigkeitsindikatoren und -Indices (NHI & NHIZ), 2. Produktlebenszyklusanalysen und 3. Integrierte Analysen. Dabei lassen sich alle drei Methoden wie folgt parametrieren (vgl. Nessa et al., 2007, S. 499-500):

- *Zeitliche Eigenschaft:* Bezieht sich die Analyse auf die vergangenen oder zukünftigen Auswirkungen einer nachhaltigen Entwicklung?

- *Betrachteter Bereich:* Ist der Fokus auf einem Gebiet, einem Prozess, einem Produkt, einer vorgeschlagenen Änderung der Politik etc.?

- *Integration der Kapitalarten:* Welche Aspekte des ökologischen, ökonomischen und sozialen Kapitals werden betrachtet?

Da es sich bei der „Integrierten Analyse" um eine komplexe Analyse für die Auswertung von Politikänderungen und Projektimplementierung handelt, wird diese im weiteren Verlauf der Arbeit nicht betrachtet. Im Folgenden gilt es auf die NHIs & NHIZs sowie Produktlebenszyklusanalysen einzugehen.

2.4.1 Nachhaltigkeitsindikatoren und -indizes

Mit Hilfe eines NHIs wird ein spezifischer Sachverhalt aus Sicht der nachhaltigen Entwicklung, wie zum Beispiel der Ausstoß von Abgasen oder die Temperatur des Meeres, in Form einer Kennzahl quantitativ oder qualitativ erfasst. Durch Erfassung einer zeitlichen Datenreihe lässt sich somit das Ausmaß der Veränderung einer nachhaltigen Entwicklung ermitteln (vgl. Bell & Morse, 2008, S.14-17;

Henseling, 1999). Werden mehrere NHIs für eine standardisierte Betrachtung zusammengefasst, so spricht man hier von einem NHIZ (vgl. Singh et al., 2012, S. 287).

Durch seine zeitlichen Eigenschaften bietet ein NHI die Möglichkeit einer Diskussionsgrundlage, Situations- und Trenddiagnosen zu erstellen, Fehlentwicklungen zu identifizieren, Handlungsbedarf zu erkennen, Zieldefinitionen zu realisieren sowie eine Erfolgskontrolle über einen Steuerungsprozess zu erhalten (vgl. Bell & Morse, 2008, S.4-13; Kopfmüller, 2001, S.318). Heijungs et al. beschreiben wie NHIs in verschiedenen Bereichen der Gesellschaft Einzug erhalten (2009, S. 422-428): ."... sustainability indicators naturally occur in many contexts: for countries, policies, products, companies, etc... with the growing importance... the scientific validity of such indicators is becoming a crucial factor.". Besonders in Bezug auf politische Entscheidungen kommt ihnen eine besondere Bedeutung zu (vgl. De Benedetto & Jir, 2009, S. 900). Typisiert werden die verschiedenen NHIs dabei nach dem Ursache-, Wirkungs- oder Reaktionsprinzip, der objektiven oder subjektiven Datenerhebung sowie der räumlichen und thematischen Aggregation[2] (vgl. Holmberg et al., 1992, 89-106; Grunwald & Kopfmüller, 2012, S. 80-85).

Kommt es zu einer vermischten Betrachtung von NHIs, die verschiedene Themen, Dimensionen etc. abbilden, können diese in einem NHIZ zusammengeführt werden. NHIZs sind besonders in der Politik und Wirtschaft zu einem beliebten Hilfsmittel geworden. Sie ermöglichen es, verschiedene Nachhaltigkeitskriterien zu erfassen, die Definition der Nachhaltigkeit verständlicher zu machen sowie eine komplexe Zieldefinition für Strategien zu bilden. Auch kann eine klare Richtungsweisung erfolgen, nach welcher sich die betreffenden Akteure und Institutionen ausrichten können. Bei der Verwendung von NHIZs müssen verschiedene Aspekte betrachtet werden: 1. Werden alle betreffenden Akteure berücksichtigt? Besonders bei globalen Indizes ist ein Aufbau, welcher alle Staaten mit unterschiedlichen Grundbedürfnissen gleichermaßen vertritt, ein äußerst kompliziertes Unterfangen. 2. Welche NHIs werden zusammengefasst? Sollen komplexe Phänomene angemessen beschrieben werden, so wird eine große Anzahl an NHIs benötigt, was wiederum dazu führt, dass die Definition der Nachhaltigkeit unverständlich und die Umsetzung der Ziele unpraktikabel wird. Somit gilt es ein Gleichgewicht zu finden, welches beide Gesichtspunkte befriedigend erfüllt. (vgl. Grunwald & Kopfmüller,

---

[2] Die räumliche und thematische Aggregation beschreibt, ob die Betrachtung z.B. global, national, lokal oder individuell erfolgt und welches Themengebiet betrachtet wird.

2012, S. 83-85, Bell & Morse, 2008, S.27-31). Eine Zusammenfassung wesentlicher NHIZs erfolgte durch Singh et al. (vgl. 2012, S.285-295).

Eine wesentliche Kritik an NHIs sowie NHIZs beschreiben Bell & Morse (2008, S.64): „...the major criticisms regarding SIs is that they attempt to encapsulate complex and diverse processes in a relatively few simple measures... Scientists deal with a complex system by breaking it down into its components and studying how they work in isolation..." [3]. NHIs und NHIZs bieten nur einen begrenzten Abbildungsbereich und sind somit nicht in der Lage, ein Nachhaltigkeitssystem in seiner Gesamtheit zu erfassen. In diesem Zusammenhang stellen Bell & Morse die These auf, dass die Definition von Nachhaltigkeit je nach Betrachtung individuell angepasst werden muss (vgl. Bell & Morse, 2008, S.70-71 und S. xvii-xviii). In diesem Zusammenhang zeigt sich auch, dass ein Standard fehlt, der die wichtigen NHIs und NHIZs und deren Erfassung vorgibt, was die Voraussetzung für eine gemeinschaftliche internationale Nachhaltigkeitsbetrachtung ist (vgl. Grunwald & Kopfmüller, 2012, S. 85).

2.4.2 Produktbezogene Nachhaltigkeitsanalysen

Besonders in der Wirtschaft hat sich neben den NHIs auch die produktbezogene Nachhaltigkeitsanalyse etabliert. Ein besonderer Fokus gilt hier der Lebenszyklusanalyse (LCA), Lebenszykluskostenrechnung (LCC), produktbezogene Sozialbilanz (SLCA) und der lebenszyklusbasierten Nachhaltigkeitsbewertung (LCSA). All diese Methoden betrachten den Untersuchungsgegenstand über den gesamten Lebensweg von der Ressourcengewinnung über die Produktion, der Nutzung bis hin zu seiner Entsorgung (engl. Cradle-to-grave), siehe Abbildung 3 (vgl. Heijungs et al., 2009, S. 422-428).

---

[3]   SIs: Sustainable indicators, dt.: Nachhaltigkeitsindikator

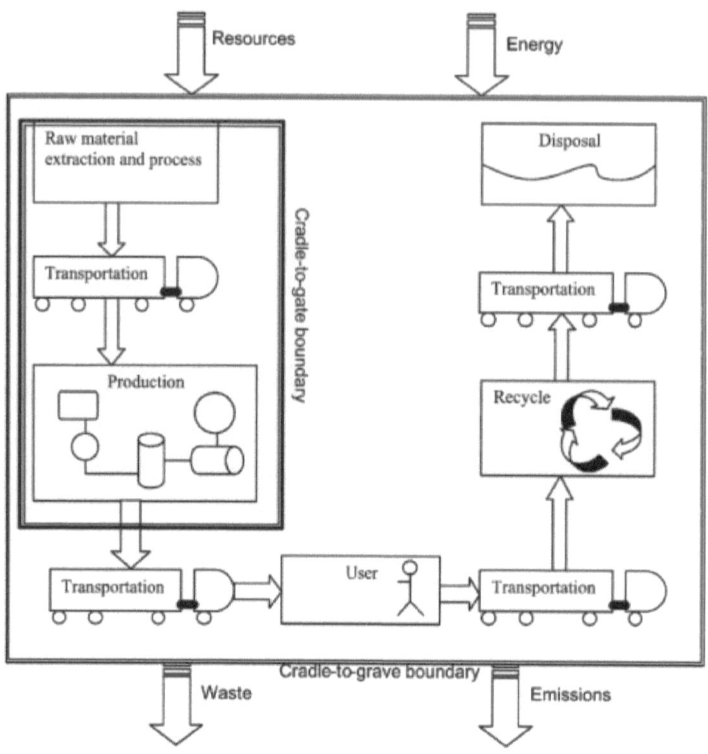

Abbildung 3: Grenzen der Lebenszyklusanalyse
Quelle: Khan et al., 2004, S.60

2.4.2.1 LCA –Lebenszyklusanalyse

Eine LCA ist eine systematische, ökologische Nachhaltigkeitsanalyse eines Untersuchungsgegenstandes über dessen Lebenszyklus. Dabei wird das ökologische Kapital betrachtet, welches zum einem in allen Lebensphasen benötigt wird und zum anderen als Müll oder Emissionen wieder freigesetzt wird und welche Folgen dies für die Umwelt hat. Eine LCA empfiehlt sich besonders in Form eines Systemvergleiches, in welchem ähnliche Systeme verglichen werden, um systematisch Schwachstellen und Optimierungsansätze zu bestimmen (vgl. Heijungs et al. 2009, S.423).

Von den verschiedenen Lebenszyklusanalysen ist die LCA die am meisten verbreitete und standardisierte Form. So bietet der Standard ISO 14040 / 14044 der Wissenschaft, Wirtschaft und Pragmatikern ein gemeinschaftliches Werkzeug und Vokabular (vgl. Heijungs et al. 2009, S.423). Die weite Verbreitung und die Standardisierung der Untersuchung (siehe Abbildung 4) gelten als wesentlicher Grund für die häufige Anwendung in der Nachhaltigkeitsanalyse. Aus Sicht der Wirtschaft ist die LCA besonders für die Produktentwicklung, für strategische Planung, für das Marketing etc. von Bedeutung. Als Nachteil der LCA gilt jedoch, dass eine vollständige Nachhaltigkeitsanalyse alle drei Dimensionen der Nachhaltigkeit berücksichtigen muss (vgl. Klöpffer, 2008, S. 383).

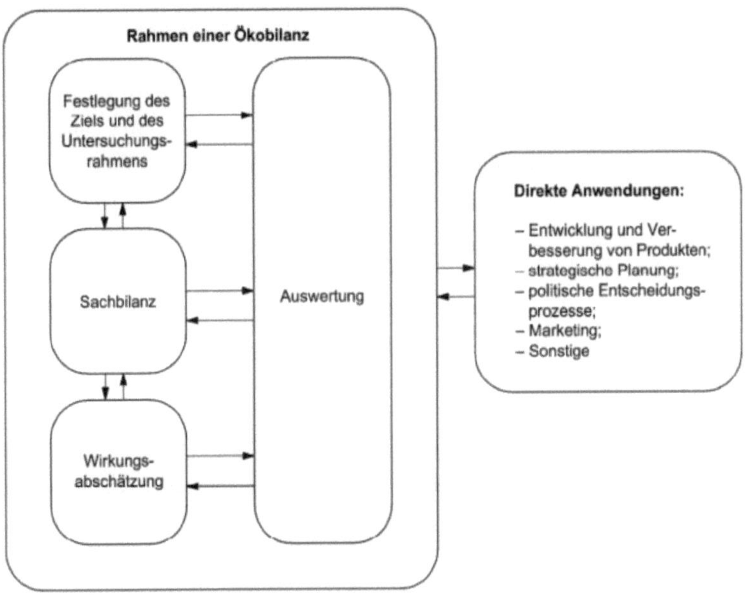

Abbildung 4: Rahmen einer LCA nach ISO 14044
Quelle: ISO, 2006, Abschnitt 4.2

2.4.2.2 LCC – Lebenszykluskostenrechnung

Die LCC verfolgt das Ziel, die Kosten bzw. das ökonomische Kapital, ähnlich wie bei der LCA, entlang des gesamten Lebenszyklus des Untersuchungsgegenstandes zu erfassen. Eine Standardisierung einer ISO Norm bleibt derweil aus, jedoch wird vorgeschlagen, die LCC, bis auf eine Wirkungsabschätzung, analog zur LCA auszuführen (vgl. Karlewski, 2015, S.7). In der Wirtschaft gilt die LCC durch ihren Kostenschwerpunkt als gute Vergleichsmethode und Entscheidungshilfe. Dabei werden jedoch nicht die Kosten für die Umwelt bzw. die entstehenden externen Kosten[4], sondern nur die Kosten aus Sicht des Produzenten und / oder aus Sicht des Konsumenten ermittelt. Aus Sicht einer gesellschaftlich kompatiblen Nachhaltigkeitsanalyse stellt besonders das Vernachlässigen der externen Kosten den Schwachpunkt der Methode dar (vgl. Nessa et al., 2007, S.503).

2.4.2.3 SLCA – Produktbezogene Sozialbilanz

Die SLCA wird genutzt, um sowohl die positiven als auch die negativen sozialen Eigenschaften im Verlauf eines Lebenszyklus zu ermitteln. Dabei erfolgt die Bewertung der einzelnen Abschnitte im Gegenteil zu einer LCA oder LCC zu großen Teilen qualitativ. Da die Betrachtungsgrenzen des „Sozialen" nicht klar abgegrenzt werden können wie bei der LCA und LCC, ist hier eine klare Eingrenzung von großer Bedeutung und gleichzeitig eine wesentliche Herausforderung der SLCA (vgl. Finkbeiner et al., 2010, S. 3314). Als Orientierung kann hier z.B. der NHIZ der UNEP gewählt werden, der sich in die fünf Hauptgruppen Mitarbeiter, Konsument, Kommune, Akteure der Gesellschaft und -Wertschöpfungskette unterteilt und deren Hauptgruppen wiederum eine Vielzahl von Untergruppen wie Gesundheit, Wohlstand, Lebensqualität usw. zugeordnet werden können (UNEP, 2009). Aufgrund des fehlenden Standards und der Vielzahl von möglichen verwendbaren NHIs besteht hier ein deutlicher Forschungsbedarf bezüglich der Entwicklung eines entsprechenden Standards. Auch aus Sicht einer vollständigen Nachhaltigkeitsanalyse erfasst die SLCA nicht alle Nachhaltigkeitsdimensionen (vgl. Karlewski, 2015, S.8-11).

2.4.2.4 LCSA - Lebenszyklusbasierte Nachhaltigkeitsanalyse

Eine Möglichkeit der vollständigen Nachhaltigkeitsanalyse ist die von Klöpffer vorgestellte LCSA (vgl. 2008, S.89-95). Dabei gilt es, die Stärken der LCA, LCC und SLCA zu kombinieren, um somit alle Dimensionen der Nachhaltigkeit gemeinschaftlich zu betrachten. Klöpffer veranschaulicht dies durch die Formel (2008, S. 90):

$$LCSA = LCA + LCC + SLCA$$

Dabei ist es notwendig, dass alle drei Methoden analog bzw. kombiniert über den Lebenszyklus aufgebaut sind. Da für die LCC und SLCA keine Standards vorliegen,

---

[4] Externe Kosten: Folgekosten die nicht von dem verursachendem Wirtschaftssubjekt, sondern der Gesellschaft oder Dritten getragen bzw. aufgebürdet werden (wirtschaftslexikon24, 2019).

gilt als vorläufige Orientierung der Standard der LCA und ihre vier Untersuchungsphasen. Das Ziel ist die Schaffung eines gemeinschaftlichen Standards, entsprechende Ansätze liegen bei Heijungs et al. (vgl., 2009, S. 425-428).

2.5 Kritische Betrachtung der Methoden

Wie die vorangehenden Kapitel zeigen, kann das Thema Nachhaltigkeit aus vielen verschiedenen Blickwinkeln betrachtet werden. Damit das eigentliche Ziel der Arbeit - Den nachhaltigen Einfluss von Elektrofahrrädern in Deutschland zu bestimmen - nicht aus den Augen verloren geht, ist es an dieser Stelle wichtig darzustellen, wie die beiden Begriffe Nachhaltigkeit und Elektrofahrräder in einen Zusammenhang gebracht werden können. Betrachtet man die verschiedenen Nachhaltigkeitsdimensionen, -Modelle und -Analysen, so ergibt sich als gemeinsamer Nenner die Betrachtung der ökologischen, ökonomischen und / oder sozialen Dimension. Aufbauend auf dem wirtschaftlichen Hintergrund der Arbeit, ergibt es Sinn, basierend auf dem mehrdimensionalen Nachhaltigkeitsmodell, ausschließlich die ökonomische Dimension mit Hilfe der LCC zu betrachten. Eine LCC allein betrachtet, erfüllt jedoch nicht die Kriterien einer umfassenden Nachhaltigkeitsanalyse. Des Weiteren erfasst eine Bewertung nur den monetären Aspekt auf Ebene des Produzenten und des Kunden, somit kann ein entsprechender Zusammenhang auf Ebene der Volkswirtschaft nur begrenzt aufgebaut werden (vgl. Klöpffer & Grahl, 2009, S. 390-392). Ein ähnliches lückenhaftes Ergebnis wird mit der ausschließlichen Anwendung der LCA sowie SLCA erzielt.

Betrachtet man die Nachhaltigkeitsmodelle, so zeigt sich, dass eine moderne Betrachtung der Nachhaltigkeit auf Ebene des mehrdimensionalen oder integrativen Nachhaltigkeitsmodells erfolgt und eine reine Betrachtung des ökologischen Modells nicht zeitgemäß ist. Dabei gilt das integrative Modell als Werkzeug der Politik, mit einem Fokus auf die globale oder nationale Nachhaltigkeit. Versucht man die nachhaltigen Eigenschaften des Elektrofahrrads auf Basis des integrativen Modells zu erfassen, so erscheint das Modell durch seine breite allgemeine Ausrichtung nur im geringen Maß für diese Fragestellung verwendbar.

Als weitere Möglichkeit kann eine Betrachtung ausschließlich auf Ebene von NHIs bzw. NHIZs erfolgen, welche die Möglichkeit bietet, die zu betrachtenden Dimensionen frei zu definieren. Ähnlich wie bei der Anwendung einer LCA muss hier ein entsprechender Untersuchungsrahmen geschaffen werden. Jedoch wird man an dieser Stelle mit einer Vielzahl von verschiedensten NHIs und NHIZs konfrontiert (vgl. Singh et al., 2012, S.285-295). Eine Auswahl zu treffen, ohne einen entsprechenden Leitfaden der Untersuchung, erscheint als sehr komplex und wird daher nicht weiter in dieser Arbeit verfolgt.

Übrig bleibt die Betrachtung der LCSA auf Basis des mehrdimensionalen Nachhaltigkeitsmodells. Aufgrund der Anlehnung am LCA Standard und dessen Bezug auf Produkte o.ä., scheint dies ein geeignetes Mittel zu sein, um eine vollständige Nachhaltigkeitsanalyse des Elektrofahrrads zu erstellen. Um den Bezug auf Ebene der Volkswirtschaft zu schaffen, muss innerhalb der Analyse der einzelnen Lebenszyklen eine Orientierung an entsprechenden NHIZs der nachhaltigen Entwicklung in Deutschland erfolgen. Entsprechend sind die Ergebnisse der LCSA auf Basis aussagekräftiger Statistiken zum Elektrofahrrad zu skalieren.

Als Resultat der kritischen Betrachtung der Methoden, erscheint die Anwendung der LCSA für eine vollständige Nachhaltigkeitsanalyse des Elektrofahrrads am erfolgversprechendsten. Im weiteren Verlauf der Arbeit gilt es somit die LCSA auf das Elektrofahrrad anzuwenden. Bevor die LCSA angewendet wird, erfolgt die Betrachtung des zu untersuchenden Gegenstandes „Elektrofahrrad" und dessen Bedeutung innerhalb Deutschlands.

3 Das Elektrofahrrad

Bei einem Elektrofahrrad handelt es sich um ein Fahrrad, welches zusätzlich zum manuellen Antrieb über die Möglichkeit einer Antriebsunterstützung durch einen im Antriebsstrang enthaltenen Elektromotor verfügt. Durch die Unterstützung ist es dem Fahrer möglich, größere Distanzen zurückzulegen, sein Ziel schneller zu erreichen oder bei steilen Straßen oder bei Gegenwind eine Kraftunterstützung zu erhalten (vgl. Wachotsch et al., 2014, S.4). Während der Fahrt versorgt ein am Elektrofahrrad befestigter Akkumulator den Elektromotor mit Strom, welcher durch eine Steuerungselektronik aktiviert wird. Dabei unterstützen verschiedene Motortypen verschiedene Betriebsmodi, deren Unterschiede zu den unterschiedlichen Typisierungen von Elektrofahrrädern führen. Entscheidend dabei ist, ob der Elektromotor in der Lage ist den Fahrer vollständig zu entlasten oder nur zu unterstützen. Somit sind folgende Elektrofahrradtypen zu unterscheiden (vgl. Schleinitz et al., 2017, S. 291):

Pedelecs: Dies sind Elektrofahrräder, welche für einen Antrieb der Fahrt stets den körperlichen Muskeleinsatz des Fahrers benötigen. Zusätzlich kann durch den Elektromotor die Muskelkraft elektromechanisch unterstützt werden. Ein alleiniger Antrieb durch den Elektromotor ist nicht möglich. Je nach Motorbeschaffenheit wird wiederum zwischen Pedelec und S-Pedelec unterschieden. Dabei unterstützt der Motor des herkömmlichen Pedelecs den Fahrer bis zu der maximalen Geschwindigkeit von 25km/h, beim S-Pedelec bis zu 45km/h. Des Weiteren gilt für beide Modelle eine unterschiedliche Gesetzgebung. So wird das Pedelec als herkömmliches Fahrrad betrachtet und das S-Pedelec als Kleinkraftrad, womit das S-Pedelec ein entsprechendes Kennzeichen benötigt, sowie ausschließlich auf Straßen verwendet werden darf (vgl. Schleinitz et al., 2014, S. 12).

E-Bikes: Im Vergleich zum Pedelec ist es mit einem E-Bike möglich, den Fahrer vollständig zu entlasten und eine Fahrt im reinen Motorbetrieb zu ermöglichen. Durch diese Eigenschaft gelten E-Bikes gesetzlich als Leicht-Mofa, gängige Modelle unterstützen dabei Geschwindigkeiten von maximal 20, 25 oder 45 km/h (vgl. Wachotsch et al., 2014, S. 26).

Ob Pedelec, S-Pedelec oder E-Bike, bei einer entsprechenden Literaturrecherche zeigt sich, dass die meisten Studien, Statistiken und Analysen sich im Wesentlichen auf das Pedelec beziehen. Da für die Durchführung einer LCSA eine umfangreiche Datenbasis hilfreich ist, wird sich ab dieser Stelle der Arbeit nur noch auf den Elektrofahrradtyp Pedelec und dessen Komponenten bezogen.

3.1 Komponenten des Pedelecs

Das Pedelec unterscheidet sich zum herkömmlichen Fahrrad durch die -bereits in der Funktion im vorrangehenden Kapitel beschriebenen - Komponenten: 1. Akkumulator, 2. Elektromotor sowie 3. Steuerungselektronik (siehe **Abbildung 5**).

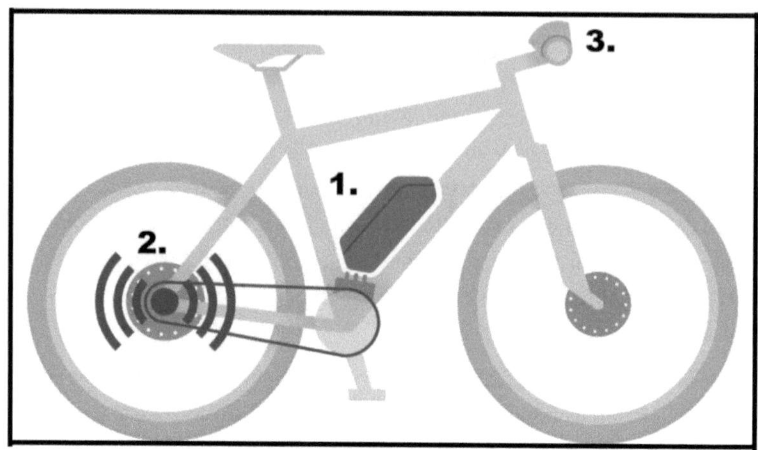

Abbildung 5: Wesentlichen Komponenten des Pedelecs
Quelle: In Anlehnung an all-electronics.de, 2019

Setzt man sich allein mit diesen Komponenten des Pedelecs im Detail auseinander, so zeigt sich, dass sich diese in vielerlei Hinsicht unterscheiden können (vgl. Treuz, 2011, S.15-78). Für ein besseres Verständnis wird im Folgenden als Beispiel der Akkumulator angeführt:

Die zentrale Funktion des Akkumulators ist die Versorgung des Elektromotors, der Steuerungselektronik sowie von weiteren Komponenten, u.a. des Lichts. Im Wesentlichen erfolgt eine Unterscheidung anhand der der maximal speicherbaren Energie, welche üblich zwischen 250 bis 1000 Wattstunden liegt. Als Bauform gibt es sowohl im Fahrradrahmen verbaute, sowie portable Typen, die sich über ein entsprechendes Ladegerät aufladen lassen. Im Falle der festverbauten Akkumulatoren ergibt sich der Nachteil, dass eine entsprechende Stromversorgung in der Nähe des Abstellortes vorhanden sein muss. Betrachtet man den deutschen Markt, so sind fünf wesentliche Typen von Akkumulatoren vertreten, die sich in der Zusammensetzung der Rohstoffe Lithium, Kupfer, Aluminium u.a. unterscheiden. Weiterhin lässt sich noch zwischen den verschiedenen Anschlusstypen, Anschaffungskosten, Lebensdauern, Umweltbelastungen usw. unterscheiden, auf diese aber nicht weiter eingegangen wird (vgl. Wachotsch, et al., 2014, S.15-18; Treuz, 2011, S.29-44).

Wie sich am Beispiel des Akkumulators ansatzweise zeigt, ist eine komplette Betrachtung des Pedelecs sowie all seiner Komponenten ein aufwendiges Unterfangen. An dieser Stelle kristallisiert sich bereits heraus, dass eine vollständige Untersuchung des Pedelecs und seiner Komponenten im Rahmen dieser Arbeit ausgeschlossen ist. Besonders ab Kapitel 4, im Zusammenhang mit der Erstellung eines LCSA Untersuchungsrahmens, zeigt sich, dass für eine vollständige LCSA der komplette Lebenszyklus aller Einzelkomponenten, angefangen bei den notwendigen Rohstoffen, der Herstellung, den einzelnen Herstellungs- und Bearbeitungsschritten, bis hin zu deren Entsorgung, betrachtet werden muss. Hier gilt es einen allgemeinen Untersuchungsrahmen des Pedelecs zu definieren, der eine Nachhaltigkeitsanalyse auf Basis der LCSA ermöglicht.

Mit Blick auf die Nachhaltigkeitsanalyse des Pedelecs bezogen auf den Raum Deutschland, reicht die Betrachtung der Komponenten des Pedelecs allein nicht aus. Hier werden zusätzlich Daten und Zahlen zum Pedelec erfasst, welche es ermöglichen, die ermittelten Ergebnisse hoch zu skalieren, um somit eine Aussage auf nationaler Ebene treffen zu können.

3.2 Pedelecs in Zahlen - Deutschland

Von 2006 bis 2016 ist die Anzahl an verkauften Elektrofahrrädern pro Jahr in Europa von 98.000 auf 1.667.000(+1600%) angestiegen. Circa jedes dritte Elektrofahrrad wurde dabei in Deutschland verkauft (vgl. CONEBI, 2017, S.29-31). Die Nutzungs- sowie Verkaufszahlen des Pedelecs sind innerhalb der letzten Jahre weiter angestiegen. So schreibt der Zweirad-Industrie-Verband (ZIV): „E-Bikes sind Verkaufsschlager und Motor der deutschen Fahrradindustrie" (2019, S.1). So wachsen die Verkaufszahlen innerhalb der letzten Jahre stets zweistellig. Im Jahr 2018 werden ca. 1 Mio. Elektrofahrräder verkauft, ein Plus von 36%, womit Elektrofahrräder mittlerweile einen Gesamtanteil im Fahrradmarkt von ca. 23,5% ausmachen. In den kommenden Jahren wird sogar ein Marktanteil von 30-35% prognostiziert. Dabei sind von allen verkauften Elektrofahrräder 99,5% Pedelecs (vgl. ZIV, 2019, S.1-2). Mit Fokus auf den Elektrofahrradmarkt ermittelt die IfD Allensbach für das Jahr 2018 das Vorhandensein von ca. 4,76 Mio. Elektrofahrrädern in deutschen

Haushalten (vgl., 2019). Dabei ergibt der *Modal Split*[5] für das Jahr 2017, dass umgerechnet ca. 2,309 Milliarden Personenkilometer mit einem Pedelec zurückgelegt wurde. Auch zeigte sich, dass im Jahr 2017 ca. 11% aller Fahrten mit einem Fahrrad o.ä. zurückgelegt werden, ein Plus von 2% zum Jahre 2002 (vgl. infas, 2017, S.13; Sinus, 2017, S.11). Mit dem Ziel, den Straßenverkehr *nachhaltiger* zu gestalten, hat sich die deutsche Bundesregierung das Ziel gesetzt, die Quote auf 15% bis zum Jahre 2020 zu erhöhen, was unter anderem durch die Förderung von neuer Infrastruktur für Fahrräder und Pedelecs erzielt werden soll (vgl. Wachotsch, 2014, S.4).

Wie sich anhand von steigenden Absatz- sowie Nutzungszahlen zeigen lässt, haben Pedelecs im deutschen Verkehr einen immer höheren Stellenwert. Mit Blick auf eine nachhaltige Verkehrsgestaltung durch Lösungen wie dem Pedelec ist es aus volkswirtschaftlicher Sicht und für Unternehmen aus Sicht des Marketings von großem Interesse, die nachhaltigen Eigenschaften eines Pedelecs zu kennen, welche sich unter anderem durch eine lebenszyklusbasierte Nachhaltigkeitsanalyse ermitteln lassen.

---

[5]   Der Modal Split gilt als einer der wichtigsten Indikatoren des öffentlichen Verkehrs. Er drückt die prozentualen Anteile der Verkehrsmittel am gesamten Verkehrsaufkommen und aller zurückgelegten Wege aus (infas, 2017, S.12).

4 Lebenszyklusbasierte Nachhaltigkeitsanalyse des Pedelecs

In Kapitel **2.5** wird die LCSA als Mittel für eine zeitgemäße Nachhaltigkeitsanalyse definiert. Da diese sich an den vier Phasen des LCA Standards orientiert, gilt es, diese vier Phasen zuerst vorzustellen, sowie im Anschluss im Rahmen dieser Arbeit zu bearbeiten und auf Umsetzbarkeit zu prüfen (ISO, 2006, S. 15-53):

1. Definition von Ziel und Untersuchungsrahmen: Was wird und was wird nicht untersucht? Warum wird es untersucht? Dabei sind die berücksichtigten Betrachtungsgrenzen im Besonderen von der subjektiven Einschätzung der durchführenden Person abhängig.

2. Sachbilanz: Erhebung und Berechnung von Daten, der Material- und Energieströme auf Basis des Ziels und des Untersuchungsrahmens.

3. Wirkungsabschätzung: Die gesammelten Sachbilanzergebnisse werden über Charakterisierungsmodelle verschiedenen Wirkungskategorien der Umwelt zugeordnet.

4. Auswertung: Die Ergebnisse werden in Hinblick auf das Ziel und den Untersuchungsrahmen überprüft und ausgewertet.

Dabei sind die einzelnen Arbeitsschritte iterativ aufgebaut, d.h. während der Bearbeitung von Arbeitsschritten können Vorangegangene oder Folgende ergänzt oder angepasst werden.

Da es sich bei einer LCA bereits um eine umfassende komplexe Analyse handelt und eine LCSA noch zusätzlich das ökonomische und soziale Kapital betrachtet, ist eine komplette Analyse innerhalb dieser Arbeit ausgeschlossen (vgl. Klöpffer & Grahl, 2009, S.1-6 und S. 385-387). Daher ist es notwendig einen Untersuchungsrahmen zu finden, der einen Teilbereich der nachhaltigen Eigenschaften des Pedelecs erfasst.

4.1 Phase 1: Festlegung des Ziels und des Untersuchungsrahmens

Zu der Phase 1 sagt die ISO 14044 (ISO, 2006, Abschnitt 4.2.1): „Ziel und Untersuchungsrahmen einer Ökobilanz müssen eindeutig festgelegt und auf die beabsichtigte Anwendung abgestimmt sein. Aufgrund der iterativen Eigenschaften der Ökobilanz ist der Untersuchungsrahmen während der Studie möglichst zu konkretisieren.". Für die Zieldefinition werden der Anwendungsbereich – Was wird untersucht? – und das Erkenntnisinteresse – Warum wird die Ökobilanz durchgeführt?

– konkretisiert. Somit dient die Zieldefinition als Orientierung innerhalb der Untersuchung. Des Weiteren geht aus der ISO 14044 hervor, dass die Definition des Ziels frei in der Hand des Auftraggebers liegt (vgl. Klöpffer & Grahl, 2009, S. 27-28).

4.1.1 Zieldefinition

Der Hintergrund der Zieldefinition ergibt sich aus Kapitel 1 und 3. In Kürze werden die wesentlichen Fakten der vorangehenden Kapitel zusammengetragen und um wesentliche Punkte ergänzt.

1. Die Verwendung des Elektrofahrrads bzw. des Pedelecs hat im deutschen Verkehr seit 2006 erheblich zugenommen.

2. Im Vergleich zum PKW gelten Pedelecs als umweltfreundlichere und zum Fahrrad als komfortablere Verkehrsalternative. So verursacht ein Pedelec im Vergleich zum PKW während des Betriebs weniger klimaschädliche CO_2 Gase und im Vergleich zum Fahrrad bietet es eine höhere durchschnittliche Reichweite in gleicher Zeit (vgl. Kämper et al. 2016, S. 335-343).

3. Besonders im Radius von bis zu 9,5 km Fahrstrecke, gilt das Pedelec als zeitlich effiziente Lösung (vgl. Wachotsch et al. S. 9).

4. Für die Volkswirtschaft Deutschland wird das Pedelec als ein Mittel zur Realisierung eines nachhaltigen Verkehrs gesehen, um Probleme wie den Ausstoß von Abgasen und den erhöhten Verbrauch von fossilen Brennstoffen in den Griff zu bekommen (vgl. Kämper et al., 2016, S. 332, Wachotsch et al. S. 4).

Das Ziel der LCSA ist daher die Bestimmung des Einflusses des Pedelecs auf die nachhaltigen Eigenschaften in Deutschland. Um eine bessere Bewertung der Ergebnisse zu ermöglichen, wird innerhalb der Sachbilanz die Methode des Systemvergleichs gewählt, um somit das Pedelec mit den Verkehrsteilnehmern PKW und Fahrrad zu vergleichen. Die Erarbeitung erfolgt dabei in Anlehnung an Publikationen und Fachbeiträgen zum Thema LCSA, LCA, Pedelec, PKW und Fahrrad.

4.1.2 Untersuchungsrahmen

4.1.2.1 Kritische Betrachtung des Untersuchungsrahmens

Betrachtet man den groben Lebenszyklus eines Pedelecs, so zeigt sich, dass dieser sich im Wesentlichen in die Phasen Rohstoffgewinnung, Herstellung, Nutzung und Entsorgung unterteilen lässt. Aus Sicht der ISO 14044 ist die Analyse des gesamten

Lebenszyklus der Idealfall (vgl. Klöpffer & Grahl, 2009, S.27-30). Wie bereits in Kapitel **3.1** auf Basis der Komponenten erwähnt, ist eine vollständige Analyse des Systems Pedelec innerhalb dieser Arbeit nicht möglich. Betrachtet man im Weiteren die Phasen des Lebenszyklus, so gilt es diese auf Umsetzbarkeit innerhalb dieser Arbeit zu prüfen.

Setzt man sich mit der Herstellung des Pedelecs aus ökologischer Sicht auseinander, so wird eine Auswahl bezüglich der zu erfassenden Komponenten wie Elektromotor, Akkumulator, Steuerungselektronik, Rahmen, Räder, Bremsen usw. samt deren Herstellungsprozesse getroffen. Hinzu kommt die Auswahl der verschiedenen Ausführungen, Rohstoffe, Hersteller etc., wie z.B. beim Akkumulator (siehe Kapitel **3.1**). Werden unter dem Aspekt der LCSA nun noch, wie bei Karlewski, die sozialen (z.B. Arbeitssituation in der Produktion, Gesundheit der Mitarbeiter etc.) und die ökonomischen Gesichtspunkte (z.B. Kosten der einzelnen Arbeitsschritte, Mitarbeiterkosten etc.) einbezogen, so übersteigt die Analyse den Rahmen dieser Arbeit (vgl. 2015, S. 38, Klöpffer & Grahl, 2009, S.390-395).

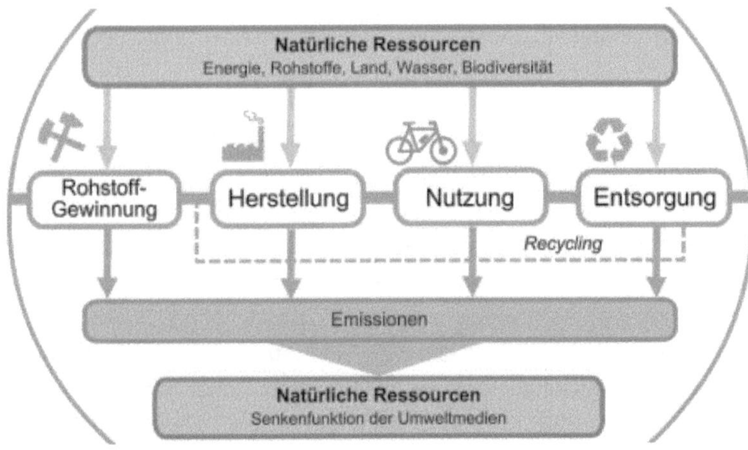

Abbildung 6: Lebenszyklusbetrachtung eines Pedelecs
Quelle: Lienhop et al., 2015, S. 64

Geht man von der Herstellung einen Schritt zu der Rohstoffgewinnung zurück, so wird man damit konfrontiert, dass sich, neben einer zu treffenden Auswahl der zu betrachtenden Komponenten, die zu bearbeitenden Schritte wie Rohstoffgewinnungsverfahren, Rohstoffe und Transport wie bei einem Stammbaum auffächern und der Umfang des Untersuchungsrahmens im Vergleich zur Herstellung zunimmt (vgl. Duflou et al., 2009, S.11).

Bei der Entsorgung zeigt sich ein reverser Prozess zu der Rohstoffgewinnung. So gilt es hier die einzelnen Komponenten wieder in ihre Bestandteile und Rohstoffe zu zerlegen. Dabei ist es notwendig, die Arbeitsschritte und Recyclingprozesse einzeln zu betrachten (vgl. Shen et al. 2010, S.39-41).

Wird ausschließlich die Phase der Nutzung betrachtet, so entfällt die Betrachtung zusammenführender und trennender Prozesse. Aus ökologischer Sicht ist ein Ressourcenstrom nur für das Beladen des Akkumulators sowie für die Wartung, die Reparatur, den Verschleiß und den Austausch der Pedeleckomponenten festzustellen (vgl. Lienhop et al., 2015, S.130 und S.178-188; Wachotsch et al., 2014, S.15-16). Aus sozialer Sicht entfällt u.a. die Sicht auf die Herstellung und es ergibt sich die Betrachtung des Nutzers sowie die Auswirkungen durch die Nutzung auf die Umwelt (vgl. Wachotsch et al., 2014, S.15-16). Auch die zu betrachtenden ökonomischen Ströme sind gut eingrenzbar, da diese in der Regel nur durch die genannten ökologischen Prozesse ausgelöst werden (vgl. Wachotsch et al., 2014, S.12). Unter kritischer Betrachtung der vier Phasen, erscheint die Umsetzung der LCSA auf Basis eines Untersuchungsrahmens, der ausschließlich die Phase der Nutzung berücksichtigt, innerhalb dieser Arbeit als realisierbar.

4.1.2.2 Untersuchungsrahmen auf Ebene der Nutzung

Der Untersuchungsrahmen ist so zu definieren, dass die ökologische, ökonomische sowie soziale Dimension der Nutzung des Pedelecs erfasst werden, um diese im späteren Verlauf der Untersuchung auf Ebene der nachhaltigen Entwicklung zu bewerten. Besonders aus Sicht der sozialen Dimension ist eine Vorauswahl der zu erfassenden NHIs zu treffen. In diesem Zusammenhang haben Hirmath et al. eine Zusammenfassung verschiedener urbaner NHIZs erstellt (vgl. 2013, S.555-563). U.a. wird in dieser Ausführung auf den PROPOLIS-Index eingegangen, welcher Anwendung bei der Nachhaltigkeitsbewertung von wachsendem urbanem Verkehr findet (vgl. Lautso et al., 2004, S.46-47). Da das Pedelec ein Teilnehmer des Verkehrs ist und in Ansätzen ein Zusammenhang mit den aufgeführten NHIs besteht, erfolgt im Weiteren eine Orientierung am PROPOLIS-Index. Dabei gilt es diejenigen NHIs zu bewerten, zu denen entsprechendes Literaturmaterial zu finden ist. NHIs, zu denen nur unzureichend Daten vorhanden sind, werden nicht weiter berücksichtigt (siehe **Tabelle 2**). Es erfolgt die Übertragung der getroffenen NHI-Auswahl auf den Untersuchungsrahmen. Für eine bessere Darstellung werden die Eingangs- und Ausgangsgrößen des Untersuchungsrahmens in einem Flussdiagramm dargestellt. #

Des Weiteren gilt es die zu erfassenden NHIs sowie deren Einheiten auf Ebene des Pedelecs zu übertragen. Als Beispiel „Consumtion mineral oil (t/a)" -> „Ladestrom (kWh/km)".

Component	Theme	Indicator
Environmental indicators	Global climate change	Greenhouse gasses from transport
	Air pollution	Acidifying gasses from transport
		Volatile organic compounds from transport
	Consumption of natural resources	Consumption of mineral oil products, transport
		Land coverage
		Need for additional new construction
	Environmental quality	Fragmentation of open space
		Quality of open space
Social indicators	Health	Exposure to PM from transport in the living environment
		Exposure to NO₂ from transport in the living environment
		Exposure to traffic noise
		Traffic deaths
		Traffic injuries
	Equity	Justice of distribution of economic benefits
		Justice of exposure to PM
		Justice of exposure to NO2
		Justice of exposure to noise
		Segregation
	Opportunities	Housing standard
		Vitality of city center
		Vitality of surrounding region
		Productivity gain from land use
	Accessibility and traffic	Total time spent in traffic
		Level of service of public transport and slow modes
		Accessibility to city centre
		Accessibility to services
		Accessibility to open space
Economic indicators		Transport investment costs
		Transport user benefits
		Transport operator benefits
		Government benefits from transport
		Transport external accident costs
		Transport external emissions costs
		Transport external greenhouse gasses costs
		Transport external noise costs

Tabelle 2: PROPOLIS-Index für städtischen Verkehr
Quelle: In Anlehnung an Hiremath et al., 2013, S. 559

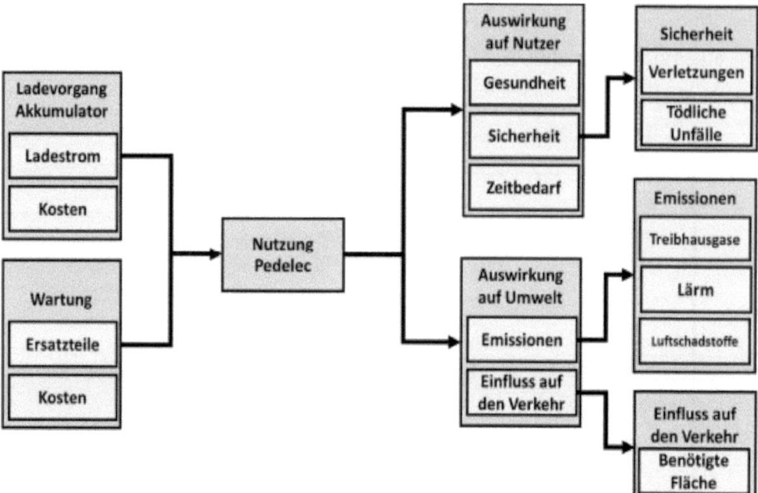

Abbildung 7: Schematische Darstellung des Untersuchungsrahmens
Quelle: Eigene Darstellung

Im Folgenden sind weitere Eingrenzungen des Untersuchungsrahmens nach ISO 14044 vorzunehmen (vgl. ISO, 2006, Abschnitt 4.2):

- Geographische Systemgrenzen: Betrachtet wird ausschließlich Datenmaterial mit Bezug auf den Raum Deutschland.

- Zeitliche Systemgrenzen: Daten zum Pedelec werden ab dem Jahr 2000 berücksichtigt.

- Funktionelle Einheiten und Referenzfluss: Als Referenz gilt hier die Strecke von 24km (2x 12km) Fahrleistung pro Tag bzw. 6000km pro Jahr (250 Ø-Arbeitstage pro Jahr x 24km) im Berufsverkehr (vgl. IFAUB, 2019). Die Fahrstrecke von ca. 12km bezieht sich auf einen Durchschnittswert einer Studie zu Pedelecs (vgl. Lienhop, 2015, S. 192). Alle zu erfassenden Werte sind auf die Referenzstrecken umzurechnen. Ist eine Umrechnung wie bei qualitativen Werten nicht möglich, so ist ein entsprechender Vergleich zu schaffen.

- Technische Systemgrenzen und Abschneideregeln: Nach dem ISO Standard gilt es Grenzen zu setzen, welche Stoffströme aus Prozessen erfasst werden, z.B.: „Alle Ströme, die über 1% des Endproduktes ausmachen werden berücksichtigt". Da keine eigene Datenerhebung stattfindet und die verwendeten Werte aus Fachberichten, Studien etc. stammen, erscheint eine entsprechende Grenzsetzung nicht sinnvoll. Liegen Werte bereits bereinigt bzw. vereinfacht vor, soll auf diese hingewiesen werden.

- Abgrenzung der Systemumgebung: Es sind, soweit vorhanden, nur Daten zu berücksichtigen, die sich auf den städtischen Berufsverkehr beziehen. Sonstige Fahrten sind nur berücksichtigt soweit keine getrennte Betrachtung vorliegt. Neben dem System Pedelec werden zusätzlich das System PKW und Fahrrad betrachtet, deren Werte auf Basis der vorgegebenen Referenz zu erfassen sind.

- Datenverfügbarkeit und Tiefe der Studie: Als Datenbasis sind die Publikationen zu verwenden, die sich im Rahmen einer zeitlich realisierbaren Literaturanalyse auffinden lassen. Die verwendeten Daten sollen weitestgehend auf den Untersuchungsrahmen übertragen und angepasst werden.

4.2 Phase 2: Sachbilanz - Betrachtung der Prozesskette

Die ISO 14044 beschreibt die Sachbilanz als eine Zusammenstellung der Quantifizierung der Inputs und Outputs des Untersuchungsobjektes im Laufe seines Lebensweges (vgl. ISO, 2006, Abschnitt 4.3). Betrachtet wird im Falle der LCA ein System, welches auf Grundgesetzen der Physik beruht, in welchem alle verwendeten Energieströme umgewandelt oder erhalten bleiben (vgl. Klöpffer & Grahl, 2009, S.63-64). Im Falle der LCSA sind neben den physikalischen bzw. ökologischen Strömen auch die monetären ökonomischen sowie qualitativen sozialen Ströme innerhalb der Sachbilanz zu erfassen (vgl. Klöpffer, 2008, S. 92).

Im Folgenden werden die ökologischen, ökonomischen und sozialen Ströme getrennt betrachtet. Dabei wird auf eine detailreiche Erläuterung sowie Analyse der Entstehungsprozesse der einzelnen Ströme, wie für eine LCA üblich, innerhalb dieser Arbeit verzichtet (vgl. Klöpffer & Grahl, 2009, S.63ff.). Des Weiteren sind für einen abschließenden Systemvergleich die Werte des Fahrrads und des PKWs zu ermitteln. Um den Rahmen der Arbeit zu wahren, erfolgt die Erfassung der Daten in vereinfachter Form innerhalb einer Vergleichstabelle.

4.2.1 Ökologische Ströme

4.2.1.1 Ladestrom

Die für die Fahrt notwendige Ladungsenergie des Pedelec-Akkumulators erfolgt über ein Ladegerät, welches vom gewöhnlichen Haushaltsstrom versorgt wird (gemessen in kWh). Die Ladung des Akkumulators wird wiederum während der Nutzung des Pedelecs aufgebraucht. Dabei wird der Verbrauch von verschiedenen Faktoren wie Höhenprofil, Geschwindigkeit, gewählter Motorunterstützung etc. beeinflusst. Lienhop et al. ermitteln innerhalb ihrer Untersuchung von 743 Pedelecs dabei einen Verbrauch von 0,73kWh/100km. Verlustströme durch Abwärme etc. sind entsprechend berücksichtigt (vgl. 2015, S. 56-57 und S.178).

4.2.1.2 Treibhausgase und Luftschadstoffe

Innerhalb der deutschen Nachhaltigkeitsdiskussion liegt ein Augenmerk auf dem Ausstoß von Treibhausgasen und anderen Emissionen von Luftschadstoffen. Besonders im Straßenverkehr werden durch Verbrennungsvorgänge eine große Menge an dem Treibhausgas Kohlenstoffdioxid (CO_2), an Luftschadstoffen wie Stickoxid (NO_X) sowie an Feinstaub (PM_{10}) freigesetzt (vgl. Destatis, 2018a, S.22,24,79). Hinzu kommt noch eine Vielzahl weiterer Stoffe, die im Zusammenhang mit dem Pedelec jedoch keine Berücksichtigung finden. Da kein Verbrennungsprozess für den Antrieb des Pedelecs notwendig ist, werden bei diesem keine Treibhausgase *direkt* freigesetzt, *indirekt* können jedoch durch die Erzeugung des notwendigen Ladestroms durch z.B. Kohlekraftwerke Treibhausgase freigesetzt werden (vgl. Tebert, 2016, 33ff.).

Indirekte Emission: Für die Strombereitstellung fallen, nach UBA, im Durchschnitt 0,486kgCO_2/kWh, 0,424gNO_x/kWh sowie 0,01gPM_{10}/kWh an (vgl. 2019, S.1).

Direkte Emission: Nach dem Berechnungsmodell von Lienhop et al. entstehen während der direkten Nutzung eines Fahrrads keine Treibhausgase und Luftemissionen (vgl. 2015, S. 182). Das Modell vernachlässigt jedoch den Abrieb durch Reifen und Bremsen. Hierzu äußert sich Koch vom Helmholtz Forschungsinstitut zum Thema Fahrrad und Feinstaubemissionen: „Ein Fahrrad hat typischerweise einen Felgenverschleiß von 0,1 Millimeter auf 1000 Kilometer. Das sind auf einen Kilometer umgerechnet drei bis vier Milligramm." (2017). Somit wird hier der Wert 0,004gPM_{10}/km angesetzt.

4.2.1.3 Lärm

Lärm, der durch Fahrtgeräusche entsteht, wird in Schalldruck (dB(A)) gemessen. Dieser liegt beim Pedelec, je nach Modell, im Lastbetrieb bei bis zu 57db(A) (vgl. Treuz, 2011, S.18). Da kein Durchschnittswert vorliegt, wird hier ausschließlich der Maximalwert erfasst. Ein Bezug auf die Referenzstrecke wird unterlassen.

4.2.1.4 Benötigte Fläche im Verkehr

Die benötigte Fläche im Verkehr ist der Raumbedarf in Quadratmeter (m^2), den ein Verkehrsteilnehmer benötigt, um sich bei realistisch ausgelastetem Straßenverkehr flüssig fortzubewegen sowie abzubremsen. Zusätzlich wird die Fläche erfasst, welche der Teilnehmer im Stillstand bzw. beim Parken sowie beim Ein- und Ausrangieren benötigt. Ermittelt wird hier eine Fläche von $31m^2$ für die Fahrt mit dem Pedelec sowie $2{,}4m^2$ für die Park- und Rangierfläche (vgl. Penn-Bressel, 2003, S.305; Meschik, 2008, S.10).

4.2.2 Ökonomische Ströme

4.2.2.1 Kosten Ladestrom

Der durchschnittliche Strompreis in Deutschland im Jahr 2019 beträgt 0,3€/kWh (vgl. BDEW, 2019, S.7). Bezogen auf den benötigten Ladestrom von 0,73kWh/100km entspricht dies 0,219€/100 km.

4.2.3 Soziale Ströme

4.2.3.1 Positive Auswirkung auf die Gesundheit

Die Gesundheit der deutschen Bevölkerung umfasst in der deutschen Nachhaltigkeitsdiskussion die weiblichen / männlichen Todesfälle der Bevölkerung bezogen auf 100.000 Einwohner unter 70 Jahren (unter Ausschluss der unter 1-Jährigen). Betrachtet werden unter anderem Erkrankungen des Herz-Kreislaufsystems, Krankheiten des Atmungssystems und Todesfälle aufgrund äußerer Ursachen (vgl. Destatis, 2018a, S. 15). Hier stellt sich die qualitative Frage, inwieweit die Nutzung eines Pedelecs die Todesursachen vermeiden kann bzw. vorbeugend wirkt, um letztendlich die vorzeitige Sterblichkeit positiv zu beeinflussen.

Eine großangelegte, vierzehnjährige Studie aus dem Jahr 2000 zeigt, dass die wöchentliche Nutzung des Fahrrads zwischen 2-4 Stunden das relative Risiko frühzeitig zu sterben um 39–48% reduziert. Die Studie erfasst 13.375 weibliche sowie 17.625 männliche Teilnehmer in den Niederlanden und Dänemark (vgl. Andersen et al., 2000, S.1621-1628). Aufbauend auf dieser Studie wird eine ähnliche Studie zu Pedelecs durchgeführt. Als Ergebnis der Studie stellt sich heraus, dass die Verwendung des Pedelecs ähnlich positive Einflüsse auf das Herz-Kreislaufsystem hat wie das Fahrradfahren. Mit steigendem Unterstützungsgrad des Elektromotors fallen die positiven Auswirkungen entsprechend geringer aus. Ein direkter Einfluss auf die Sterblichkeit wird in der Studie nicht betrachtet (Gojanovic et al., 2011. S.2204-2010).

Betrachtet man die aufgeführten Studien zusammengefasst, so liegt die Vermutung nahe, dass auch durch die tägliche Nutzung des Pedelecs das relative Risiko frühzeitig zu sterben, positiv beeinflusst wird. Somit werden die Werte für das Fahrrad auf das Pedelec übernommen.

4.2.3.2 Verletzungsrisiko und tödliche Unfälle

Für das Jahr 2017 verzeichnet das statistische Bundesamt 68 tödliche, 1249 schwere und 3270 leichte Unfälle mit dem Pedelec in Deutschland (vgl. Destatis, 2018b, S.6-8 und S.13). Unter Berücksichtigung der geschätzten Gesamtstrecke von 2,309 Milliarden Personenkilometern (Mrd.km) durch Pedelecs entspricht dies einer Unfallquote von 29,5 tödlichen, 541 schweren und 1416,4 leichten Pedelec-Unfällen pro Mrd.km für das Jahr 2017.

4.2.3.3 Zeitbedarf

Lienhop et al. ermitteln für die Pendlergruppe eine Durchschnittsgeschwindigkeit von 17,4 km/h (vgl. 2015, S.197). Zusätzlich wird eine durchschnittliche Zu- und Abgabezeit des Pedelecs hinzugerechnet, die nach Schätzungen von Wachotsch et al. bei ca. 4 Minuten liegt (vgl., 2014, S.9). Somit wird die Referenzstrecke von 24km in einer Zeit von ca. 91min (2x4Min + 2x41,5Min) zurückgelegt.

4.2.4 Unberücksichtigte Ströme

Aus ökologischer und ökonomischer Sicht ist des Weiteren eine Betrachtung der Wartung, der notwendigen Ersatzteile und Kosten interessant. Jedoch stellt sich die ermittelte Literatur als unbrauchbar heraus (vgl. ExtraEnergy, 2012, S.6-9).

4.2.5 Sachbilanz Ergebnisse

Nach ISO 14044 gilt es nach Erfassung und Analyse der einzelnen Prozesse und Ströme diese nach Input- / Output Größen zu verteilen und eine entsprechende Umrechnung auf die definierte Referenz vorzunehmen (vgl. ISO, 2006, S.26). Dies erfolgt in der Regel durch Verwendung von Input und Output Tabellen (Bilanztabellen), welche getrennt den kumulierten Energiebedarf, die mineralischen Rohstoffe, die entstehenden Abgase usw. betrachten (vgl. Klöpffer & Grahl, 2009, S.168-182).

Da innerhalb der Untersuchung nur die Phase der Nutzung des Lebenszyklus betrachtet wird und die zu erfassenden Prozesse und Ströme nur stark vereinfacht betrachtet werden, erfolgt eine Zusammenfassung in Tabelle 3.

Nachhaltigkeitsindikator	Ermittelter Wert	Ref. 24km	Ref. 6000km	Referenzlos	Einheit
Ökologische					
Ladestrom	0,73 kWh/ 100km	0,1752	43,8		kWh
CO2 - Ausstoß	0,486 kg CO2 / kWh	0,0851	21,29		kg CO2
NOx - Ausstoß	0,424 g NOx / kWh	0,0542	13,56		g NOx
PM10 - Ausstoß In- / Direkt	0,004073 g PM10 / km	0,0978	24,44		g PM10
Lärm	57 db(A)			max. 57	dB(A)
Verkehrsfläche	31m²			31	m²
Park- und Rangierfläche	2,4m²			2,4	m²
Ökonomische					
Kosten Ladestrom	0,219€ / 100km	0,0526	13,14		€
Soziale					
Pos. Auswirkung Gesundheit	-(39-48)% FSR in 2-4h p.W.			-(39-48)% FSR in 2-4h p.W.	FSR / h p. W.*
Unfälle - Tödlich	29,5 / Mrd. km			29,5	Unfälle / Mrd. km
Unfälle - Schwer	541 / Mrd. km			541	Unfälle / Mrd. km
Unfälle - Leicht	1416,4 / Mrd. km			1416,4	Unfälle / Mrd. km
Zeitbedarf + Zu-/Abgabe	17,4km/h + 4Min	1,5	378,2		h

*Senkung frühzeitiges Sterberisiko bei x h wöchentlicher Nutzung

Tabelle 3: Ergebnisse Sachbilanz – Nutzung Pedelec

Quelle: Eigene Darstellung

Dabei sind die ermittelten Werte jeweils auf eine Referenzstrecke von 24km (12km x 2 täglich) und 6000km (24km x 250 Arbeitstage im Jahr) hochgerechnet. Ist kein Bezug zu der Referenzstrecke möglich, so sind die ermittelten Werte in der Spalte „Referenzlos" hinterlegt. Auf eine Aufteilung in Input und Output Ströme wird verzichtet, da es sich ausschließlich beim „Ladestrom" und „Kosten Ladestrom" um Input Ströme handelt.

Neben den ermittelten Werten für das Pedelec sind für einen Systemvergleich die Vergleichswerte von Fahrrad und PKW in Tabelle 4 aufgeführt.

Systemvergleich	Pedelec	Fahrrad	PKW	
Nachhaltigkeitsindikator	Bezogen auf 6000 km bzw. referenzlos			Einheit
Ökologische	Referenz	Wert (Abweichung %)	Wert (Abweichung %)	
Ladestrom	43,8	0 (-100%)	4680 (+10585%) (1)	kWh / 6000 km
CO2 - Ausstoß	21,29	0 (-100%)	880 (+4034%) (2)	kg CO2 / 6000 km
NOx - Ausstoß	13,56	0 (-100%)	1025 (+7461%) (3)	g NOx / 6000 km
PM10 - Ausstoß In- /Direkt	24,44	24 (-1,79%)	461 (+1786%) (4)	g PM10 / 6000 km
Lärm	max. 57	0 (-100%)	max. 75 (+32%) (5)	dB(A)
Verkehrsfläche	31	31 (0%)	152 (+390%) (6)	m²
Park- und Rangierfläche	2,4	2,4 (0%)	25 (+942%) (7)	m²
Ökonomische	Referenz	Wert (Abweichung %)	Wert (Abweichung %)	
Kosten Ladestrom	13,14	0 (-100%)	660 (+4938%) (8)	€ / 6000 km
Soziale	Referenz	Wert (Abweichung %)	Wert (Abweichung %)	
Pos. Auswirkung Gesundheit	-(39-48)% FSR in 2-4h p.W.	-(39-48)% FSR in 2-4h p.W. (0%)	Kein Vergleichswert eventuell negative Auswirkung (9)	FSR / h p. W.*
Unfälle - Tödlich	29,5	8,1 (-73%) (10)	2,2 (-93%) (11)	Unfälle / Mrd. km
Unfälle - Schwer	541	333,8 (-38%) (10)	46,0 (-91%) (11)	Unfälle / Mrd. km
Unfälle - Leicht	1416,4	1606,2 (+-11,48%) (10)	295,1 (-79%) (11)	Unfälle / Mrd. km
Zeitbedarf + Zu-/Abgabe	378,16	423 (+12%) (12)	340 (-10%) (12)	h / 6000 km

*Senkung frühzeitiges Sterberisiko bei x h wöchentlicher Nutzung

Quelle: (1) vgl. ExtraEnergy, 2012, S.62; BMVI, 2018, S.309 (bez. 7,8l Benzin/100km)

(2) vgl. Lienhop et al., 2015, S. 181 (Dir. Emission + Bereitstellung)

(3) vgl. Lienhop et al., 2015, S. 182 (Dir. Emission + Bereitstellung)

(4) vgl. Lienhop et al., 2015, S. 183; IUTA, 2011, S.53 (EF PM10 g/vkm)

(5) vgl. Schuemer et al., 2003, S. 49

(6) vgl. Penn-Bressel, 2003, S.305 (Berufsverkehr) / (7) vgl. Meschik, 2008, S.10

(8) vgl. BMVI, 2018, S.309; vgl. MWV, 2019 (Benzinverbrauch 7,8l bei 1,40€) / (9) Badura et al., 2009, S.64-66

(10) vgl. Destatis, 2018b, S.13; infas, 2017, S.13; SINUS, 2017, S.11 (Bezogen auf 38,571 Mrd.km)

(11) vgl. Destatis, 2019; vgl. SINUS, 2017, S.11 (Bezogen auf 640,21 Mrd. Personenkilometer)

(12) vgl. Wachotsch, 2014, S.9 (Fahrrad 15,3 km/h + 4Min Zu- / Abgabezeit ; PKW 24,1 km/h + 11Min)

Tabelle 4: Systemvergleich – Pedelec, Fahrrad und PKW

Quelle: Eigene Darstellung

Dabei sind alle Werte soweit möglich auf die Referenz einer jährlichen Nutzstrecke von 6000km angepasst. Des Weiteren ist neben den Vergleichswerten eine Abweichung in % zu den Referenzwerten des Pedelecs aufgeführt. Eine ausführliche Betrachtung der Sachbilanz und des Systemvergleichs erfolgt in Kapitel **4.4.1**.

4.3 Phase 3: Wirkungsabschätzung

Nach ISO 14044 gilt es in der Wirkungsabschätzung die in der Sachbilanz erhobenen Ströme den entsprechenden Wirkungskategorien zuzuordnen und auf Umweltwirkungen hin auszuwerten. Somit dient die Wirkungsabschätzung der Erkennung, Zusammenfassung sowie Qualifizierung der potenziellen Umweltauswirkungen des untersuchten Systems. Für die Erstellung der zu berücksichtigenden Wirkungskategorien gibt es keine Normierung, jedoch werden diejenigen Kategorien erfasst, die eine wesentliche Bedeutung für den Untersuchungsgegenstand darstellen (vgl. Klöpffer & Grahl, 2009, S.195-196). Aus Sicht der LCSA gilt es innerhalb der Wirkungsabschätzung nicht die potenziellen Umwelteinwirkungen des Untersuchungsgegenstandes zu bestimmen, sondern zu prüfen, in welchem Ausmaß Einflüsse auf nachhaltige Entwicklungen und deren Ziele bestehen (vgl. Heijungs et al.2009, S.427). Dabei setzt dieses Vorgehen eine Definition der Nachhaltigkeit und der nachhaltigen Entwicklungen voraus. Wie bereits in Kapitel **2.2.3** erwähnt, erfolgt die Definition von nachhaltigen Entwicklungen auf politischer Ebene u.a. durch integrative Nachhaltigkeitsmodelle in Kombination mit NHIZs. Aus wissenschaftlicher Betrachtung kann eine Definition nachhaltiger Entwicklungen über eine Vielzahl von NHIZs mit Schwerpunkt auf Technologie, menschlicher Entwicklung, Markt & Wirtschaft, Industrie, Umweltsystemen, Produktbasiert, Sozial & Lebensqualität, Politik, Land, Region usw. erfolgen (vgl. Singh et al., 2012, S.288-295). Mit dem Hintergrund der Arbeit: „Wie Pedelecs die nachhaltige Entwicklung in Deutschland beeinflussen können", gilt es, eine Definition zu wählen, welche sich auf die Volkswirtschaft Deutschland bezieht und entsprechende nachhaltige Entwicklungen und deren Ziele in Kombination eines NHIZs vorgibt.

Auf Basis der internationalen Politik, Wirtschaft und Wissenschaft, gibt es das anerkannte Nachhaltigkeitskonzept der Agenda 30 (ehemals Agenda 21), welches 17 wesentliche Ziele sowie Teilziele von nachhaltigen Entwicklungen beinhaltet. Auf Basis der Agenda 30 wird auf nationaler Ebene von der deutschen Bundesregierung eine Anpassung der nachhaltigen Entwicklungen und deren Ziele vorgenommen. Als Resultat entsteht die Deutsche Nachhaltigkeitsstrategie (DNS), welche als Leitfaden der deutschen Nachhaltigkeitsentwicklung gilt. Da die DNS sowohl nachhaltige Entwicklungen als auch deren Ziele für Deutschland vorgibt, wird sich innerhalb der Wirkungsabschätzung an dieser orientiert. (vgl. Jänicke et al., 2000, S.222-223; Bundesregierung, 2018, S.8-10).

Im Folgenden sind die Ergebnisse der Sachbilanz den nachhaltigen Entwicklungen bzw. NHIs der DNS zugeordnet (siehe **Tabelle 5**). Eine Auswahl der NHIs sowie die Zuordnung der Ströme der Sachbilanz erfolgt dabei nach subjektivem Vergleich. Ströme, die sich keinem NHI zuordnen lassen, werden anschließend in Kapitel **4.4.1** betrachtet.

Nachhaltige Entwicklung bzw. NHI	Ziele	Ströme der Sachbilanz
Mobilität Mobilität sichern – Umwelt schonen: Endenergieverbrauch im Personenverkehr	Zielkorridor bis zum Jahre 2030 minus 15 bis minus 20 Prozent	Ladestrom
Klimaschutz Treibhausgase reduzieren: Treibhausgasemissionen	Minderung um mindestens 40 Prozent bis 2020, um mindestens 55 Prozent bis 2030, um mindestens 70 Prozent bis 2040 und um 80 bis 95 Prozent- bis 2050 jeweils gegenüber 1990	CO_2 - Ausstoß
Luftbelastung Emissionen von Luftschadstoffen	Reduktion der Emissionen des Jahres 2005 auf 55 Prozent (ungewichtetes Mittel der fünf Schadstoffe) bis 2030.	NO_x - Ausstoß
		PM10 - Ausstoß in- / direkt
Flächeninanspruchnahme Anstieg der Siedlungs- und Verkehrsfläche	Senkung auf 30 ha minus x pro Tag bis 2030	Verkehrsfläche
		Park- und Rangierfläche
Gesundheit und Ernährung Vorzeitige Sterblichkeit von Frauen und Männern (Todesfälle pro 100 000 Einwohner unter 70 Jahren)	Senkung bis 2030 auf 100 Frauen bzw. 190 Männern je 100.000 Einwohner	Pos. Auswirkung Gesundheit
		Unfälle - Tödlich
		Unfälle - Schwer
		Unfälle - Leicht
Keine passende Zuordnung	-	Lärm
		Zeitbedarf

Tabelle 5: NHIs der DNS und zugeordnete Ströme der Sachbilanz

Quelle: In Anlehnung an Bundesregierung, 2018, S. 53-57

Nachdem die Ergebnisse der Sachbilanz (Ströme) den Wirkungskategorien (NHIs) zugeordnet werden, gilt es die Auswirkungen auf die NHIs zu berechnen. Hierfür werden die NHIs getrennt betrachtet, die zugewiesenen Ströme auf die Einheit des NHIs modelliert und zusammengefasst (vgl. Klöpffer & Grahl, 2009, S. 223-225). Eine anschließende Auswertung erfolgt in Kapitel **4.4.1**.

4.3.1 Mobilität – Energieverbrauch im Personenverkehr

Der NHI „Mobilität – Energieverbrauch im Personenverkehr" erfasst den jährlichen Energieverbrauch durch die Personenbeförderung zu Land, Luft und Wasser und wird in Milliarden Megajoule (Mrd.MJ) ermittelt. Im Jahr 2016 ist ein Wert von 1653,7 Mrd.MJ erfasst (vgl. Destatis, 2018a, S.67). Bei einer Fahrleistung aller Pedelecs in Deutschland im Jahr 2017 von ca. 2,309 Mrd.km, einem ermittelten Stromverbrauch von 0,0073kWh/km und einem Umrechnungsfaktor von 1kWh = 3,6MJ, ergibt sich ein Vergleichswert von 0,06 Mrd.MJ. Geht man von einer ähnlichen Fahrleistung für das Jahr 2016 aus, so entspricht der Anteil von Pedelecs 0,0036% des Gesamtenergieverbrauchs. Bezieht man diesen Wert auf eine Gesamtsenkung von 15–20 Prozent – Referenz 2005 – bis zum Jahre 2030, so fällt der Gesamteinfluss des Pedelecs auf dieses Ziel mit 0,022% sehr gering aus.

4.3.2 Klimaschutz – Treibhausgasemissionen

Der NHI „Klimaschutz – Treibhausgasemissionen" erfasst die Emissionen von Treibhausgasen (Stoffe oder Stoffgruppen) wie Kohlendioxid (CO_2), Methan (CH_4), Lachgas (N_2O) usw. und erfasst diese in Mio. Tonnen (Mio.t) pro Jahr. Für das Jahr 2017 gilt ein Wert von 797,3 Mio.tCO_2 (vgl. Destatis, 2018a, S.79). Bezogen auf das Sachbilanzergebnis und einer Fahrleistung von 2,309 Mrd.km (2017), entspricht dies einer CO_2-Emission von 0,0082 Mio.tCO_2. Bei dem Zielwert, die Emissionen von 1990 bis 2030 um 55% zu senken, ist der Gesamteinfluss des Pedelecs bezogen auf das Ziel im Jahre 2017 mit 0,0025% gering bis nicht vorhanden. Zu anderen Treibhausgasen werden keine Werte innerhalb der Sachbilanz erfasst.

4.3.3 Luftbelastung – Emission von Luftschadstoffen

Der NHI „Luftbelastung – Emission von Luftschadstoffen" erfasst die Neuemissionen von den Luftschadstoffen Schwefeldioxid (SO_2), Stickstoffoxid (NO_x), Ammoniak (NH_3), flüchtige organische Verbindungen (NMVOC) und Feinstaub ($PM_{2.5}$) in Tsd. Tonnen (kt) und die Feinstaubkonzentration PM_{10} in µg/m3. Als Ergebnisse der Sachbilanz liegen Emissionswerte zu NO_x und PM10 vor. Für das Jahr 2016 besteht ein Wert von 1216,9 ktNO_x (vgl. Destatis, 2018a, S.23-24). Dieser Wert wird auf das Jahr 2017 übertragen. Bei einer Fahrleistung von 2,309 Mrd.km (2017) mit dem Pedelec entspricht dies einer NO_x-Emission von 0,0071 kt. Bezogen auf eine Senkung von 2005 bis 2030 um 55% ist der Gesamteinfluss des Pedelecs im Jahr 2017 mit 0,0014% sehr gering bis nicht vorhanden.

Da keine Modellierung der PM_{10} Emission des Pedelecs möglich ist (Umrechnungs-faktor nicht ermittelbar), kann keine Berechnung des Einflusses des NHIs durchge-führt werden.

4.3.4 Flächeninanspruchnahme – Anstieg Siedlungs- und Verkehrsfläche

Der NHI „Flächeninanspruchnahme – Anstieg Siedlungs- und Verkehrsfläche" er-fasst den Anstieg der Siedlungs- und Verkehrsfläche in Hektar pro Tag. Für das Jahr 2015 besteht ein Anstieg von 66 Hektar pro Tag. Betrachtet man ausschließlich die Verkehrsfläche, so beträgt der Anstieg 10 Hektar pro Tag ($36,5$ km^2, 2015) (vgl. Destatis, 2018a, S.60). Als Ergebnisse der Sachbilanz liegen die notwendige Ver-kehrsfläche sowie Park- und Rangierfläche des Pedelecs vor. Eine Modellierung die-ser Werte zum Anstieg der Verkehrsfläche ist jedoch nicht möglich. Um einen Ver-gleich ziehen zu können, müssen hier Werte vorliegen, die nur die neue Verkehrs-fläche für Pedelecs berücksichtigt. Ein entsprechender Wert kann nicht ermittelt werden.

4.3.5 Gesundheit und Ernährung – Vorzeitige Sterblichkeit

Der NHI „Gesundheit und Ernährung – Vorzeitige Sterblichkeit" erfasst die Todes-fälle der weiblichen und männlichen unter 70-jährigen Bevölkerung bezogen auf 100.000 Einwohner. Für das Jahr 2015 wird ein Wert von 153 Frauen bzw. 288 Männer pro 100.000 Einwohner erfasst. Im Vergleichsjahre 2017 fallen 68 tödliche Unfälle bei der Verwendung von Pedelecs an. Von diesen können ca. 25 Männern und 9 Frauen unter 70Jahre zugeordnet werden. Bei einer Bevölkerungszahl von 82,79 Mio. Menschen im Jahre 2017 entspricht dies einen Anteil von 0,03 Männern bzw. 0,01 Frauen pro 100.000 Einwohner (vgl. Destatis, 2018a, S.15; Destatis, 2018b, S.14; SÄdBudL, 2019). Bezogen auf eine Senkung auf 100 Frauen und 190 Männer pro 100.000 Einwohner (2030) bezüglich einer vorzeitigen Sterblichkeit, ist der Gesamteinfluss des Pedelecs mit 0,0189% bei Frauen und 0,0306% bei Män-nern im Jahr 2017 sehr geringfügig.

Des Weiteren wird eine Zuordnung der Sachbilanzergebnisse zu schweren und leichten Unfällen sowie die positiven Auswirkungen auf die Gesundheit unterlas-sen, da hier kein direkter Bezug zu der frühzeitigen Sterblichkeitsquote aufgebaut werden kann.

4.4 Phase 4: Auswertung

Nach ISO 14044 gilt es in der Auswertung die Ergebnisse der Sachbilanz und der Wirkungsabschätzung gemeinsam zu betrachten. Es wird geprüft, ob die Ergebnisse mit dem festgelegten Ziel und Untersuchungsrahmen übereinstimmen. Dabei sind folgende Arbeitsschritte vorgegeben: 1. Identifizierung signifikanter Parameter 2. Beurteilung 3. Schlussfolgerung, Einschränkungen und Empfehlungen (vgl. Klöpffer & Grahl, 2009, S.357).

Im Arbeitsschritt der Identifizierung signifikanter Parameter sind diejenigen Prozesse und Ströme zu identifizieren, die den wesentlichen Einfluss auf einen NHI haben. Als Beispiel ist hier der Vorgang des Brennens (in einem Herstellungsprozess) zu nennen, der den wesentlichen Anteil an CO_2 freisetzt und somit den NHI Treibhausgas zum größten Teil beeinflusst. Durch die Identifizierung der signifikanten Parameter können die Ergebnisse auf Vollständigkeit, Unsicherheiten, Datenqualität und weitere Schwachstellen in der Datenerhebung untersucht werden, um auszuschließen, dass es in der Schlussfolgerung zu Fehlinterpretationen kommt (vgl. Klöpffer & Grahl, 2009, S.359-361).

Da die verwendeten Daten, Werte und Prozesse ausschließlich aus Studien, Fachberichten etc. stammen, in vielen Schritten bereits Abgrenzungen der Daten vorgenommen werden, Prozesse nur einen NHI beeinflussen und insgesamt eine sehr vereinfachte Betrachtung vorliegt, wird auf eine Identifizierung der signifikanten Parameter verzichtet.

4.4.1 Beurteilung der Ergebnisse der Sachbilanz und Wirkungsabschätzung in Bezug auf die Zielsetzung

Als Ziel der LCSA gilt es, unter Berücksichtigung des Untersuchungsrahmens, den Einfluss durch die Nutzung von Pedelecs auf die nachhaltige Entwicklung in Deutschland zu bestimmen. Im Folgenden werden hierzu die Ergebnisse der Wirkungsabschätzung bewertet (siehe **Tabelle 6**).

Die erfassten Ergebnisse zeigen, dass durch die Nutzung von Pedelecs ein direkter Einfluss auf die Ziele der nachhaltigen Entwicklung in Deutschland (siehe **Tabelle 6** – Spalte: Einfluss [%]) quasi nicht vorhanden ist. Des Weiteren kann nur zu wenigen NHIs der DNS ein Zusammenhang aufgebaut werden (siehe Kapitel **4.3**). Ein Grund hierfür ist, dass ausschließliche die Phase „Nutzung" betrachtet wird. Mit Berücksichtigung aller Phasen, können weitere Zusammenhänge zu den nachhaltigen Entwicklungen wie „Nachhaltige Produktion" oder „Wirtschaftswachstum" aufgebaut werden (vgl. Destatis, 2018a, S.5-8). Ein weiterer Grund ist, dass für die zu bewertenden NHIs nur eine unzureichende Datenbasis zum Pedelec vorliegt. Zusammengefasst lässt sich vermuten, dass auch bei einer Bewertung aller Phasen und einer umfassenden Datenbasis nur ein ähnlich kleiner Einfluss auf die nachhaltige Entwicklung ermittelt werden kann.

Nachhaltige Entwicklung / Nachhaltigkeitsindikator	Referenzjahr	Anteil Pedelec (2017)		Einfluss Pedelec auf Zielwert	
	Referenzwert*	In Werten	Anteil Ref. (%)	Differenz Ziel 2030**	Einfluss (%)
Mobilität -Energieverbrauch im Personenverkehr	2016: 1653,7 Mrd.MJ	0,06 Mrd.MJ	0,0036%	274 Mrd.MJ	0,022%
Klimaschutz – Treibhausgasemissionen	2017: 797,3 Mio.tCO2	0,0082 Mio.tCO2	0,0010%	323 Mio.tCO2	0,0025%
Luftbelastung – Emission von Luftschadstoffen	2015: 1216,9 ktNOx	0,0071 ktNOx	0,00058%	507 ktNOx	0,0014%
	2015: 16,5 µgPM10/m3	Nicht übertragbar	-	-3,5 µgPM10/m3	-
Flächeninanspruchnahme - Anstieg Siedlungs- und Verkehrsfläche	2015: 66 Hektar pro Tag	Nicht übertragbar	-	36 Hektar pro Tag	-
Gesundheit und Ernährung – Vorzeitige Sterblichkeit	2015: 153 Fr.p. 100tE.	0,01 Fr.p. 100tE.	0,0065%	53 Fr.p. 100tE.	0,0189%
***	2015: 288 Mä.p. 100tE.	0,03 Mä.p. 100tE.	0,0104%	98 Mä.p.100tE	0,0306%

*Quelle: Destatis, 2018a, S. 15-79

**Gesamtdifferenz von Deutschland zum Zielwert, bezogen auf das Referenzjahr

***Frauen bzw. Männer pro 100.000 Einwohner

Tabelle 6: Ergebnisse Wirkungsabschätzung

Quelle: Eigene Darstellung

Betrachtet man die Ergebnisse der Sachbilanz, so lässt sich kein direkter Einfluss auf die nachhaltige Entwicklung in Deutschland zeigen. Durch den Systemvergleich können jedoch indirekte Aussagen zum Einfluss auf die nachhaltige Entwicklung getroffen werden. So zeigt sich im Vergleich der ökologischen Ströme (siehe Tabelle 7), dass durch die Nutzung des Pedelecs das 105-fache an notwendiger Energie zum PKW eingespart werden kann. Gleichzeigt zeigt sich, dass nur ein geringer Teil der Emissionen ($1/40$ CO_2, $1/75$ NO_x, $1/18$ PM_{10}) freigesetzt werden. Auch entsteht weniger Straßenlärm und die notwendige Verkehr-, Rangier- und Parkfläche entspricht grade mal $1/5$ bzw. $1/10$ des PKWs. Im Vergleich heißt dies: Würde man die jährliche Referenzstrecke von 6000km mit dem Pedelec anstelle des PKWs zurücklegen, so könnten hier z.B. 860kg CO_2 pro Person eingespart werden. Wird unter diesem Aspekt das Ergebnis der Wirkungsabschätzung betrachtet, so kann wiederum die Aussage getroffen werden, dass durch die aktuelle Nutzung des Pedelecs und der gleichzeitigen Nichtnutzung eines PKWs im Jahr 2017 bereits 0,330Mio.tCO_2 bzw. 0,04% des Treibhausgases CO_2 eingespart werden. Bezogen auf das Ziel im Jahre 2030 entspricht dies bereits einer Einsparung von ca. 0,1%

anstelle 0,0025%. Somit kann indirekt gezeigt werden, dass durch das Pedelec bereits ein deutlich größerer Einfluss auf den NHI Treibhausgase besteht. Eine entsprechende Aussage ist jedoch rein theoretisch, da nicht jede Fahrt des Pedelecs eine Fahrt mit dem PKW ersetzt. Anhand dieses Beispiels lässt sich jedoch zeigen, dass durch den Wechsel vom PKW zum Pedelec die nachhaltige Entwicklung stärker beeinflusst werden kann. Im Vergleich Pedelec zum Fahrrad zeigt sich, dass das Fahrrad während der Nutzung keine zusätzliche Energie benötigt und nahezu keine Emissionen erzeugt. Indirekt betrachtet ist die Nutzung des Fahrrads somit „ökologisch nachhaltiger" als die Nutzung des Pedelecs.

Systemvergleich	Pedelec	Fahrrad	PKW	
Nachhaltigkeitsindikator	Bezogen auf 6000 km bzw. referenzlos			Einheit
Ökologische	Referenz	Wert (Abweichung %)	Wert (Abweichung %)	
Ladestrom	43,8	0 (-100%)	4680 (+10585%) (1)	kWh / 6000 km
CO2 - Ausstoß	21,29	0 (-100%)	880 (+4034%) (2)	kg CO2 / 6000 km
NOx - Ausstoß	13,56	0 (-100%)	1025 (+7461%) (3)	g NOx / 6000 km
PM10 - Ausstoß In- /Direkt	24,44	24 (-1,79%)	461 (+1786%) (4)	g PM10 / 6000 km
Lärm	max. 57	0 (-100%)	max. 75 (+32%) (5)	dB(A)
Verkehrsfläche	31	31 (0%)	152 (+390%) (6)	m²
Park- und Rangierfläche	2,4	2,4 (0%)	25 (+942%) (7)	m²

Tabelle 7: Sachbilanz – Ökologische Ströme im Vergleich

Quelle: Eigene Darstellung

Im direkten Vergleich der ökonomischen Ströme (siehe Tabelle 8), ist die Nutzung des Fahrrads kostenlos (Betrachtung ohne Wartungskosten etc., siehe Kapitel **4.2.4**). Im Vergleich zum PKW entsteht durch die Nutzung des Pedelecs 1/50 der Kosten für den Nutzer. So ist hier die Frage zu stellen, wie sich die Kosten auf die nachhaltige Entwicklung auswirken. Ein Zusammenhang lässt sich über das Wirtschaftswachstum aus volkswirtschaftlicher Sicht aufbauen. So lassen sich Kosten u.a. als Konsumausgaben betrachten, welche wiederum in das Bruttoinlandsprodukt eingehen und somit Einfluss auf das Wirtschaftswachstum eines Landes haben (vgl. Nissen, 1992, S.251-262). Wiederum wird das Zusammenspiel zwischen Wirtschaftswachstum und Nachhaltigkeit ausführlich von Grunwald & Kopfmüller betrachtet. Diese beschreiben, wie die Politik den Kurs des qualitativen Wachstums verfolgt, dessen Ziel es ist, dass das „Nachhaltige" anstelle des „Nicht Nachhaltigen" wachsen soll, was bedeutet, dass neben der ökonomischen Dimension auch eine Betrachtung der anderen Dimensionen erfolgen muss (vgl. Grunwald & Kopfmüller, 2012, S.68-75). Die DNS spricht an dieser Stelle, mit Blick auf die nachhaltigen Entwicklungen, von nachhaltigem Konsum (vgl. Bundesregierung, 2018, S.56). So gilt es unwirtschaftliche und umweltfreundliche, profitablen und umweltschädlichen

Alternativen vorzuziehen. Mit Blick auf den ökologischen Ressourcenverbrauch ist das Pedelec „nachhaltiger" als ein PKW, jedoch aus ökonomischer Sicht für eine Volkswirtschaft nicht so wirtschaftlich nachhaltig wie ein PKW. Abschließend lässt sich aus Sicht des qualitativen Wachstums jedoch sagen, dass die ökologische Dimension stärker gewichtet werden muss, womit im Vergleich die Nutzung des Fahrrads den größten positiven Effekt auf die nachhaltige Entwicklung hat, gefolgt vom Pedelec und dem PKW als Schlusslicht. Für eine abschließende Aussage muss jedoch auch eine Berücksichtigung der sozialen Dimension erfolgen.

Systemvergleich	Pedelec	Fahrrad	PKW	
Nachhaltigkeitsindikator	Bezogen auf 6000 km bzw. referenzlos			Einheit
Ökonomische	Referenz	Wert (Abweichung %)	Wert (Abweichung %)	
Kosten Ladestrom	13,14	0 (-100%)	660 (+4938%) (8)	€ / 6000 km

Tabelle 8: Sachbilanz – Ökonomische Ströme im Vergleich
Quelle: Eigene Darstellung

Der Vergleich der sozialen Ströme zeigt, dass die regelmäßige Nutzung von Pedelec oder Fahrrad eine positive Auswirkung auf den Nutzer hat, es zeigt jedoch auch, dass es beim Pedelec im Vergleich zum Fahrrad zu ca. 4x und zum PKW zu ca. 15x so vielen tödlichen Unfällen pro Mrd.km Fahrstrecke kommt (siehe Tabelle 9). Ein ähnliches Ergebnis zeigt sich bei den schweren Unfällen. So scheint der PKW im Hinblick auf die Unfälle ein deutlich sichereres Verkehrsmittel zu sein. Nicht berücksichtigt wird, dass ein PKW eine viel weitere Strecke in gleicher Zeit als ein Pedelec oder Fahrrad zurücklegt. Um eine korrekte Aussage treffen zu können, muss anstelle Unfälle pro Mrd.km ein Vergleich auf Basis der Unfälle pro Nutzung erfolgen. Entsprechende Werte lassen sich jedoch nicht ermitteln. Auch zeigt sich, dass die Nutzung des Pedelecs im Vergleich zum Fahrrad ein deutlich höheres Unfallrisiko mit sich bringt. In diesem Zusammenhang ergeben Sicherheitsstudien, dass das erhöhte Risiko durch die erhöhte Fahrgeschwindigkeit, das durchschnittlich höhere Alter der Nutzer sowie den Mangel der vorgefundenen Radverkehrsinfrastruktur zu erklären ist (vgl. Gehlert, 2014, S.12-13; Weiss & Illek, 2013, S.147-148). Betrachtet man diese Faktoren mit Blick auf die nachhaltige Entwicklung, so erscheint es sinnvoll, eine entsprechende Gewichtung der sozialen Ströme vorzunehmen, die bewertet, ob die negativen Auswirkungen durch Unfälle oder die positiven gesundheitsfördernden Auswirkungen einen größeren Einfluss haben. Da eine Gewichtung nicht vorliegt, ist zu erfassen, dass sowohl positive und negative Einflüsse auf die nachhaltige Entwicklung bestehen.

Systemvergleich	Pedelec	Fahrrad	PKW	
Nachhaltigkeitsindikator	Bezogen auf 6000 km bzw. referenzlos			Einheit
Soziale	Referenz	Wert (Abweichung %)	Wert (Abweichung %)	
Pos. Auswirkung Gesundheit	-(39-48)% FSR in 2-4h p.W.	-(39-48)% FSR in 2-4h p.W. (0%)	Kein Vergleichswert eventuell negative Auswirkung (9)	FSR / h p. W.*
Unfälle - Tödlich	29,5	8,1 (-73%) (10)	2,2 (-93%) (11)	Unfälle / Mrd. km
Unfälle - Schwer	541	333,8 (-38%) (10)	46,0 (-91%) (11)	Unfälle / Mrd. km
Unfälle - Leicht	1416,4	1606,2 (+-11,48%) (10)	295,1 (-79%) (11)	Unfälle / Mrd. km
Zeitbedarf + Zu-/Abgabe	378,16	423 (+12%) (12)	340 (-10%) (12)	h / 6000 km

Tabelle 9: Sachbilanz – Soziale Ströme im Vergleich

Quelle: Eigene Darstellung

Betrachtet man den Zeitbedarf für die Fahrt und das Ein-/ Ausparken, so zeigt sich, dass das Pedelec bei einer täglichen Fahrt von 24km im Durchschnitt 11Min kürzer als ein Fahrrad und 9Min länger als ein PKW benötigt (Bezogen auf 6000km [in 250Tage], -45h zum Fahrrad und +38h zum PKW). Mit Blick auf die nachhaltige Entwicklung lässt sich hier ein theoretischer Zusammenhang zu der Lebensqualität aufbauen, welche aus Sicht der DNS zu fördern ist (vgl. Bundesregierung, 2018, S.49). So kann, mit Fokus auf die verwendete Zeit des Nutzers, ein von Wendel-Vos et al. untersuchter Zusammenhang zwischen körperlicher Aktivität und positiver Auswirkung auf die Lebensqualität erfasst werden (vgl. 2004, S. 667ff.). Hier lässt sich die Aussage treffen, dass die genutzte Zeit auf einem Pedelec oder Fahrrad - welche eine körperliche Aktivität beinhaltet - eine bessere Auswirkung auf die Lebensqualität des Nutzers hat, als die Nutzung eines PKWs und somit auch für die nachhaltige Entwicklung vorteilhaft ist. Eine entsprechende Aussage ist jedoch rein theoretisch und kann innerhalb dieser Arbeit nicht wissenschaftlich gestützt werden.

Als Abschluss einer LCSA gilt es eine Schlussfolgerung sowie Einschränkungen und Empfehlungen auszugeben. Dies erfolgt innerhalb dieser Arbeit im abschließenden Kapitel.

5 Zusammenfassung und Schlussbetrachtung

5.1 Zusammenfassung der Arbeit

In Kapitel zwei wurde zuerst auf den Begriff der Nachhaltigkeit eingegangen, und gezeigt, dass eine eindeutige Definition nicht vorliegt. Im Anschluss wurde beschrieben, wie sich die unterschiedlichen Definitionen durch die wesentlichen Modelle der Nachhaltigkeit darstellen lassen, welche sich auf Ebene der ökologischen, ökonomischen und sozialen Dimension unterscheiden. Im Folgenden wurde auf die Bedeutung der Nachhaltigkeit für die Volkswirtschaft und Wirtschaft eingegangen sowie Ansätze, Theorien und Methoden vorgestellt, durch welche die Nachhaltigkeit bewertbar ist. Hier wurden besonders die Methoden der Nachhaltigkeitsindikatoren und Produktlebenszyklusanalysen berücksichtigt. Nach kritischer Betrachtung der verschiedenen Methoden wurde die an der LCA angelehnte LCSA als geeignete Methode definiert, um den Einfluss des Elektrofahrrads auf die nachhaltige Entwicklung in Deutschland zu bestimmen. Bevor eine Nachhaltigkeitsanalyse am Elektrofahrrad durchgeführt werden konnte, galt es im dritten Kapitel auf den Untersuchungsgegenstand Elektrofahrrad einzugehen. Neben der Nennung der wesentlichen Eigenschaften und Komponenten des Elektrofahrrads wurde beschrieben, dass gegenüber den Elektrofahrradtypen E-Bike und S-Pedelec insbesondere das Pedelec den größten Marktanteil in Deutschland ausmacht. Unter Berücksichtigung des Marktes wurde bestimmt, das Pedelec im anschließenden Kapitel 4 auf Basis der LCSA zu analysieren. Für die LCSA galt es zuerst einen Untersuchungsrahmen zu finden, welcher sich im Rahmen dieser Arbeit realisieren lässt. Nach Betrachtung der verschiedenen Lebenszyklusabschnitte sowie die damit zu erfassenden Ströme, wurde sich ausschließlich auf die Analyse des Abschnitts „Nutzung des Pedelecs" fokussiert. Als nächster Schritt wurden die verschiedenen ökologischen, ökonomischen und sozialen Ströme der Nutzung des Pedelecs anhand vorliegender Fachartikel, Statistiken usw. erfasst und in einer Sachbilanz zusammengetragen. Innerhalb der Sachbilanz galt es die Daten für eine anschließende Bewertung soweit wie möglich auf eine gemeinsame Referenz zu skalieren. Um eine bessere Aussage aus Sicht der nachhaltigen Entwicklung treffen zu können, wurde zusätzlich ein Systemvergleich des Pedelecs zum Fahrrad und PKW erstellt. Auf den Ergebnissen der Sachbilanz aufbauend, wurde im Anschluss die Phase Wirkungsabschätzung der LCSA durchgeführt. In dieser galt es die Ergebnisse der Sachbilanz dem deutschen Nachhaltigkeitskonzept, deren nachhaltigen Entwicklungen und den damit verbundenen NHIs zuzuordnen. Hier zeigte sich, dass sich nicht alle Ströme der Sachbilanz den nachhaltigen Entwicklungen zuordnen ließen. Insbesondere stellte sich heraus, dass der Einfluss auf die bestimmbaren NHIs minimal ausfällt. Im Anschluss wurden die Ergebnisse der Wirkungsabschätzungen und Sachbilanz im Einzelnen betrachtet und mit Blick auf die nachhaltige Entwicklung analysiert. Unter Betrachtung der gesamten Ergebnisse der Wirkungsabschätzung zeigt sich, dass ein direkter Einfluss des Pedelecs auf die nachhaltige Entwicklung quasi nicht vorhanden ist. Indirekt lässt sich im Vergleich zum PKW ein großes Potenzial aufzeigen, wie die nachhaltigen Entwicklungen positiv beeinflusst werden können. So gelang es im Verlauf der Arbeit, das gesetzte Ziel der Untersuchung sowie die gestellten Fragestellungen in ihren Ansätzen zu beantworten (siehe Kapitel **1.3.1**).

5.2 Schlussbetrachtung

5.2.1 Wichtige Ergebnisse

Ein direkter Einfluss auf die nachhaltige Entwicklung in Deutschland durch die Nutzung von Pedelecs konnte in seinen Ansätzen bewertet werden. So ist der Einfluss auf die zugeordneten NHIs in Zahlen betrachtet im zehn- bis hunderttausendstel Bereich und somit quasi nicht vorhanden. Betrachtet man im Vergleich den Einfluss durch die Nutzung von PKWs, so erzeugen diese allein 10% des freigesetzten Treibhausgas CO_2 in Deutschland, die Pedelec Nutzung grade mal 0,001% (vgl. BMU, 2017, S. 37). Würde man auf die Nutzung von Pedelecs vollständig verzichten, hätte dies quasi keinen Einfluss auf die Nachhaltigkeitsziele in Deutschland. Interessanter wird es, wenn die Ergebnisse des PKW und des Pedelecs im Systemvergleich bewertet werden. So konnte ermittelt werden, dass ein Pedelec aus Sicht der ökologischen Nachhaltigkeit deutlich bessere Werte als ein PKW vorzuweisen hat. Auch im Bereich der ökonomischen Nachhaltigkeit ist ein Pedelec unter Berücksichtigung eines qualitativen Wachstums vorteilhaft. Nur im Bereich der sozialen Nachhaltigkeit lassen sich sowohl negative als auch positive Effekte im Vergleich zum PKW ermitteln. Besonders die erhöhte Unfallquote mit Pedelecs stellt sich hier als nachteilhaft heraus. Insgesamt betrachtet lässt sich sagen, dass die nachhaltige Entwicklung durch das Ersetzen einer Fahrt mit dem PKW durch das Pedelec indirekt positiv beeinflusst wird. Betrachtet man im Systemvergleich die Ergebnisse eines herkömmlichen Fahrrads, so ist dieses in fast allen Nachhaltigkeitsaspekten dem Pedelec gleichgestellt oder überlegen. Besonders durch den nicht vorhandenen zusätzlichen Antrieb, ist die Nutzung besonders ressourcenschonend sowie emissionsfrei.

Aus volkswirtschaftlicher Sicht lässt sich abschließend sagen, dass, möchte man die nachhaltige Entwicklung in Deutschland durch die Nutzung von Pedelecs wirkungsvoll beeinflussen, Pedelecs insbesondere nicht nachhaltige Verkehrsmittel wie den PKW im Bereich des Möglichen ersetzen sollten. Um diesen Wechsel zu ermöglichen, gilt es von der Politik entsprechende Anreize zu schaffen. Dabei scheint, bei Betrachtung des stark wachsenden Marktes für Pedelecs, eine Förderung des Verkaufs nicht notwendig zu sein. Vielmehr ergibt sich die Notwendigkeit, eine entsprechende Radverkehrsinfrastruktur zu fördern, um die bereits eingetretene Entwicklung, u.a. durch ein erhöhtes Unfallaufkommen, nicht negativ zu beeinflussen.

Aus Sicht der Wirtschaft lassen sich die Ergebnisse der Nachhaltigkeitsanalyse u.a. für ein entsprechendes Marketing nutzen. Doch lassen sich die Ergebnisse nur dann richtig verwenden, wenn ein entsprechender Vergleich angeführt bzw. ein entsprechender Bezug zu der verwendeten Definition der Nachhaltigkeit aufgebaut wird. Betrachtet man in diesem Zusammenhang den aktuellen Nachhaltigkeitstrend, so lässt sich beobachten, dass mit dem Wort „Nachhaltigkeit" ein Marketing betrieben wird, ohne einen Bezug zur nachhaltigen Entwicklung herzustellen (vgl. Kiss, 2011, S.10). Möchte man als Unternehmen die Aussage tätigen, dass ein Pedelec nachhaltig ist, so sollte man einen Vergleich zu einer Alternative aufführen, welche die nachhaltige Entwicklung schlechter beeinflusst. Unterlässt man einen entsprechenden Vergleich, so ist eine Aussage über die Nachhaltigkeit eines Pedelecs aussagelos. Auch erscheint bei einem entsprechenden Marketing eine Erläuterung der verschiedenen Nachhaltigkeitsdimensionen sinnvoll. So könnte zum Beispiel geworben werden, dass ein Pedelec sowohl aus ökologischer (z.B. Einsparung von Treibhausgasen), ökonomischer (z.B. Einsparung von Treibstoffkosten) und sozialer (z.B. Förderung der Gesundheit) Sicht nachhaltiger ist als ein PKW. Somit könnte erzielt werden, dass alle drei Dimensionen erwähnt sind, um ein vollständiges Bild der Nachhaltigkeit zu schaffen.

5.2.2 Einschränkungen

Eine wesentliche Einschränkung innerhalb der Arbeit erfolgte bei der Durchführung der LCSA. Zum einem wurde vom gesamten Lebenszyklus des Untersuchungsgegenstandes Pedelec ausschließlich die Phase der Nutzung betrachtet. Mit Berücksichtigung der anderen Lebensphasen wie Rohstoffgewinnung, Herstellung und Recycling, könnte hier eine detailliertere Aussage bezüglich der Beeinflussung der nachhaltigen Entwicklung innerhalb Deutschlands getroffen werden. Besonders in Hinblick auf die ökologische Dimension, unter Berücksichtigung des Herstellungsprozesses, ist mit einem entsprechend umfangreicheren Ergebnis zu rechnen. Zum Anderem erfolgte die Umsetzung der LCSA, die sich am ISO Standard orientiert, rudimentär. Eine entsprechend vereinfachte Analyse musste jedoch erfolgen, da eine detailliertere Ausführung im Rahmen dieser Arbeit nicht möglich gewesen wäre. Des Weiteren entstand eine Einschränkung durch die verwendeten Daten. Da nicht immer ein direkter Zusammenhang zu den betrachten NHIs und den vorgefundenen Daten bestand, würde eine gezielte empirische Arbeit zu den nachhaltigen Eigenschaften des Pedelecs vermutlich zu ausführlicheren sowie zusätzlichen Ergebnissen führen. Besonders könnten somit NHIs untersucht werden, zu welchen keine Daten zu finden waren.

Literaturverzeichnis

A: Monographien, Aufsätze und Artikel aus Sammelbänden, Zeitschriften und Zeitungen

Abagnale, C., Cardone, M., Iodice, P., Strano, S., Terzo, M., & Vorraro, G. (2015). Power requirements and environmental impact of a pedelec. A case study based on real-life applications. *Environmental Impact Assessment Review Vol. 53*, S. 1-7.

Ahrens, G., Becker, U., Böhmer, T., Richter, F., & Wittwer, R. (2013). *Potenziale des Radverkehs für den Klimaschutz.* Dresden: TU Dresden.

Andersen, L., Schnohr, P., Schroll, M., & Hein, H. (06 2000). All-Cause Mortality Associated With Physical Activity During Leisure Time, Work, Sports, and Cycling to Work. *Arch Intern Med*, S. 1621-1628.

Badura, Schröder, Klose, & Macco. (2009). *Fehlzeiten-Report 2009 - Zahlen, Daten, Analysen aus allen Brachen der Wirtschaft.* Berlin: Springer.

BDEW. (2019). *BDEW-Strompreisanalyse Januar 2019.* Berlin: BDEW.

Bell, S., & Morse, S. (2008). *Sustainability Indicators - Measuring the Immeasurable? Second edition.* London: Earthscan.

Birkmann, J. (1999). *Indikatoren für eine nachhaltige Raumentwicklung: Methoden und Konzepte der Indikatorenforschung.* Dortmund: Informationskreis f. Raumplanung.

BMU, D. B. (2017). *Klimaschutz in Zahlen.*

BMVI. (2018). *Verkehr in Zahlen 2018/2019.* Berlin: Statistische Bundesamt.

Brugger, F. (2010). *Nachhaltigkeit in der Unternehmenskommunikation.* Lüneburg: Gabler Verlag.

Bundesregierung, D. (Juli 2019). *Deutsche Nachhaltigkeitsstrategie.* Berlin: Zarbock.

Burschel, C., Losen, D., & Wiendl, A. (2004). *Betriebswirtschaftslehre der Nachaltigen Unternehmen.* München: De Gruyter Oldenbourg.

Clark, A. (2017). New Types of Electric Pedal-Assisted Cycles (EPACs) As a Form of Active Mobility: Consequences for Traffic Safety and Sustainable Mobility. *Journal of Transport & Health Vol. 5*, S. S.31-32.

CONEBI, C. o. (2017). *European Bicycle Market.* Belgien: CONEBI.

De Benedetto, L., & Jir, K. (2009). The Environmental Performance Strategy Map: an integrated LCA approach to support the strategic decision-making process. *Journal of Cleaner Production*, S. 900-906.

Destatis. (2018a). *Nachhaltige Entwicklung in Deutschland.* Berlin: Statistisches Bundesamt.

Destatis. (2018b). *Verkehrsunfälle - Kraftrad- und Fahrradunfälle im Straßenverkehr.* Wiesbaden: Destatis.

Duflou, Moor, Verpoest, & Dewu. (2009). Environmental impact analysis of composite use in car manufacturing. *CIRP Annals Vol. 58 Issue 1*, S. 9-12.

Empacher, C., & Wehling, P. (2002). *Soziale Dimensionen der Nachhaltigkeit – Theoretische Grundlagen und Indikatoren.* Frankfurt: ISOE - Institut für sozial-ökologische Forschung.

ExtraEnergy, e. (2012). *Go Pedelec.* Tanna: Bechtle Druck & Service GmbH & Co. KG.

Finkbeiner, M., Schau, E., Lehmann, A., & Traverso, M. (2010). Towards Life Cycle Sustainability Assessment. *Sustainability 2010, 2*, S. 3309-3322.

Gehlert, T. (2014). *Unfallforschung kompakt - Neues Risiko Pedelec?* Berlin: UDV.

Glatzner, L. (2002). Nachhaltigkeit, Unternehmen und (Umwelt-)Managementsysteme. In A. Zahrnt, & E. Sing, *Zukunftsfähige Unternehmen. Wege zur nachhatligen Wirtschaftsweise von Unternehmen* (S. 69-80). München: Ökom.

Gojanovic, B. /. (03 2011). Electric Bicycles as a New Active Transportation Modality to Promote Health. *Medicine and Science in Sports and Exercise 43*, S. S.2204-2210.

Grunwald, A., & Kopfmüller, J. (2012). *Nachhaltigkeit 2. aktualisierte Auflage.* Frankfurt a. M.: Campus Verlag.

Hauff, V. (1987). *Unsere Gemeinsame Zukunft. Der Brundtland-Bericht der Weltkommission für Umwelt und Entwicklung.* Greven: Eggenkamp Verlag.

Hediger, W. (1999). Reconciling weak and strong Sustanaibility. *International Journal of Social Economics, 7/8/9*, S. 1120-1143.

Heijungs, R., Huppes, G., & Guinée, J. B. (2009). Life cycle assessment and sustainability analysis of products, materials and technologies. Toward a scientific framework for sustainability life cycle analysis. *Journal of Polymer Degradation and Stability 95*, S. 422-428.

Henseling, C. (1999). *Soziale und ökonomische Nachhaltigkeitsindikatoren.* Freiburg: Öko-Institut e.V.

Herrmann, C. (2010). *Ganzheitliches Life Cycle Managment. Nachhaltigkeit und Lebenszyklusorientierung in Unternehmen.* Berlin, Heidelberg: Springer.

Hiremath, Balachandra, Kumar, Bansode, & Murali. (2013). Indicator-based urban sustainability—A review. *Energy for Sustainable Development 17*, S. 555-563.

Holmberg, J., & Karlsson, S. (1992). On designing socio-ecological indicators. In U. A. Svedin, *Society and the Environment: A Swedish Research Perspective* (S. 89-106). Dordrecht: Academic Publisher.

infas. (2017). *Mobilität in Deutschland - Kurzreport.* Bonn: BMfVudI.

ISO. (2006). *ISO 14044 - Environmental management e life cycle assessment e principles and framework.* Genf: ISO.

IUTA, I. f. (2011). *Ermittlung des Beitrags von Reifen-, Kupplungs-, Brems- und Fahrbahnabrieb an den PM10- Emissionen von Straßen.* Essen: Universität Duisburg-Essen.

Jänicke, M., Jörgens, H., & Koll, C. (2000). Elemente einer deutschen Nachhaltigkeitsstrategie — Einige Schlußfolgerungen aus dem internationalen Vergleich. *Umweltplanung im internationalen Vergleich*, S. 221-230.

Jochum, G., & Karl-Werner, B. (2000). *Der deutsche Diskurs zu nachhaltiger Entwicklung. Abschlussbericht eines DFG-Projekts zum Thema Sustainable Development/Nachhaltige Entwicklung – Zur sozialen Konstruktion globaler Handlungskonzepte im Umweltdiskurs.* München: Münchner Projektgruppe für Sozialforschung e.V.

Kämper, C., Helms, H., & Jöhrens, J. (2016). Modal Shifting Effects and Climate Impacts through Electric Bicycle Use in Germany. *Journal of Earth Sciences and Geotechnical Engineering, vol.6, no. 4*, S. S.331-345.

Karlewski, H. (2015). *Social Life Cycle Assessment in der Automobilindustrie.* Berlin: Technischen Universität Berlin.

Khan, Sadiq, & Veitch. (2004). Life cycle iNdeX (LInX): a new indexing procedure for process and product design and decision-making. *Journal of Cleaner Production 12*, S. S. 59-76.

Kiss, K. (2011). Rise and Fall of the Concept Sustainability. *Journal of Environmental Sustainability - Vol. 1: Iss. 1, Article 1*, S. 1-12.

Kleine, A. (2009). *Operationalisierung einer Nachhaltigkeitsstrategie.* Wiesbaden: Gabler.

Klöpffer, W. (2008). Life Cycle Sustainability Assessment of Products. *The International Journal of Life Cycle Assessment*, S. 89-95.

Klöpffer, W., & Grahl, B. (2009). *Ökobilanz (LCA) - Ein Leitfaden für Ausbildung und Beruf.* Weinheim: WILEY-VCH Verlag.

Kopfmüller, J. (2001). *Nachhaltige Entwicklung integrativ betrachtet. Konstitutive Elemente, Regeln, Indikatoren.* Berlin: Sigma.

Lautso, Spiekermann, Sheppard, W., Steadman, Martino, Domingo, & Gayda. (2004). *PROPOLIS.* Greer: European Commission.

Lienhop, M., Thomas, D., Brandies, A., Kämper, C., Jöhrens, J., & Helms, H. (2015). *Pedelection - Verlagerungs- und Klimaeffekte durch Pedelec-Nutzung im Individualverkehr.* Heidelberg: IFUE.

Lozano, R. (2008). Envisioning sustainability thee-dimensionally. *Journal of Cleaner Production 16*, S. 1838-1846.

Meadows, D. L., Meadows, D. H., Randers, J., & Behrens, W. W. (1972). *The Limits to Growth – a Report for the Club of Rome's Project on the Predicament of Mankind.* New York: Universe Books.

Meschik, M. (2008). *Planungshandbuch Radverkehr.* Wien: Springer.

Nessa, B., Urbel-Piirsalua, E., Anderbergd, S., & Olsson, L. (2007). Categorising tools for sustainability assessment. *Ecological Economics 60*, S. 498 – 508.

Nissen, H.-P. (1992). *Makroökonomie 1: Einführung in die Volkswirtschaftliche Gesamtrechnung.* Heidelberg: Physica.

Nordbeck, R. (2001). *Nachhaltigkeitsstrategien als politische Langfriststrategien: Innovationswirkungen und Restriktionen.* Politik- und Sozialwissenschaften. Berlin: Otto-Suhr-Institut.

Ott, K. (2004). *Theorie und Praxis starker Nachhaltigkeit; Ökologie und Wirtschaftsforschung, Bd. 54.* Marburg: Metropolis-Verlag.

Penn-Bressel, G., & etal. (2003). *Reduzierung der Flächeninanspruchnahme durch Siedlung und Verkehr.* Berllin: Umweltbundesamt.

Pfister, G. (2002). *Indikatoren einer Nachhaltigen Entwicklung im Bereich Wirtschaft.* Akademie für Technikfolgenabschätzung , Wirtschaft. Stuttgart: TA-Akademie.

Robinson, J. (2004). Squaring the circle? Some thoughts on the idea of sustainable development. *Ecological Economics 48* , S. 369-384.

Schleinitz, K., & Franke-Bartholdt, L. (2014). *Pedelec-Naturalistic Cycling Study.* Berlin: UDV.

Schleinitz, K., Petzoldt, T., Franke-Bartholdt, L. K., & Gehlert, T. (2017). The German Naturalistic Cycling Study - Comparing cycling speed of riders of different e-bikes and conventional bicycles. *Safety Science Vol. 92*, S. 290-297.

Schmidt, M. (05 2007). Mit den Ressourcen schonend und nachhaltig umgehen. *KONTUREN – DIE HOCHSCHULZEITSCHRIFT.*

Schuemer, R., Schreckenberg, D., & Felscher-Suhr, U. (2003). *Wirkungen von Schienen- und Straßenverkehrslärm.* Bochum: Zeus.

Shen, Worrell, & Patel. (2010). Open-loop recycling: A LCA case study of PET bottle-to-fibre recycling. *Resources, Conservation and Recycling Vol. 55* , S. 34-52.

Singh, R. K., Murty, H., Gupta, S., & Dikshit, A. (2012). An overview of sustainability assessment methodologies. *Ecological Indicators 15*, S. 281-299.

Sinus. (2017). *Fahrrad-Monitor Deutschland 2017.* Berlin: BMfVudI.

Spangenberg, J. (2002). Environmental space and the prism of sustainability: frameworks for indicators measuring sustainable development. *Ecological Indicators 2*, S. 295-309.

Tebert, C. (2016). *STICKSTOFFOXID-EMISSIONEN AUS KOHLEKRAFTWERKEN.* Berlin: BUND.

Toman, M. A. (Winter 1992). The Diffculty in Defining Sustainability. *Journal: Resources – Resources for the Future 106*, S. 3-6.

Treuz, J. (2011). *Pedelecs, E-Bikes selber bauen.* München: GGP Media GmbH.

UNEP. (2009). *Guidelines for Social Life Cycle Assessment of Products; UNEP-SETAC Life-Cycle.* Paris: UNEP-SETAC Life-Cycle Initative.

Wachotsch, U., Kolodziej, A., Specht, B., Kohlmeyer, R., & Petrikowski, F. (2014). *E-Rad macht mobil - Potenziale von Pedelecs und deren Umweltwirkung.* Dessau-Roßlau: Umweltbundesamt.

Weiss, E., & Illek, G. (2013). *Mobil und Sicher mit Elektrofahrrädern.* Graz: FdöV.

Wendel-Vos, G., Schuit, A., M.A.R., T., & Kromhout, D. (2004). Leisure time physical activity and health-related quality of life: Cross-sectional and longitudinal associations. *Quality of Life Research 13*, S. 667–677.

ZIV. (2019). *Zahlen – Daten – Fakten zum Deutschen E-Bike-Markt 2018.* Bad Soden: ZIV Zweirad-Industrie-Verband e.V.

B: Internetquellen

all-electronics.de. (06 2019). all-electronics.de. Abgerufen am 17. 06 2019 von all-electronics.de: https://www.all-electronics.de/marquardt-steigt-in-e-bike-markt-ein/

Domenico, A. D. (04 2017). https://bestswiss.ch. Abgerufen am 28. 06 2019 von Nachhaltigkeit ein Modewort: https://bestswiss.ch/nachhaltigkeit-ein-modewort

IFAUB, I. f.-u. (07 2019). https://www.deutschlandinzahlen.de. Abgerufen am 17. 07 2019 von https://www.deutschlandinzahlen.de/tab/deutschland/arbeitsmarkt/arbeitszeit/arbeitstage abgerufen

IfD-Allensbach. (07 2019). https://de.statista.com. Abgerufen am 23. 06 2019 von https://de.statista.com/statistik/daten/studie/593864/umfrage/umfrage-in-deutschland-zum-besitz-eines-elektrofahrrads-pedelecs/ abgerufen

Koch, T. (08 2017). Wie schmutzig ist der Diesel wirklich? Abgerufen am 22.06
2019 von https://www.helmholtz.de:
https://www.helmholtz.de/luftfahrt_raumfahrt_und_verkehr/wie-
schmutzig-ist-der-diesel-wirklich/

Kopfmüller, J. (02 2011). Das Integrative Nachhaltigkeitskonzept der Helm-
holtz-Gemeinschaft. Abgerufen am 07. 07 2019 von
http://www.itas.fzk.de: https://docplayer.org/14275360-Das-integrative-
nachhaltigkeitskonzept-der-helmholtz-gemeinschaft-idee-anwendung-
perspektiven.html

MWV. (07 2019). https://www.mwv.de. Abgerufen am 19. 07 2019 von
https://www.mwv.de/statistiken/verbraucherpreise/?loc=1

SÄdBudL. (07 2019). https://www.statistik-bw.de. Abgerufen am 25. 06 2019
von https://www.statistik-
bw.de/VGRdL/tbls/tab.jsp?rev=RV2014&tbl=tab20&lang=de-DE
abgerufen

UBA. (04 2019). www.umweltbundesamt.de. Abgerufen am 01. 07 2019 von
https://www.umweltbundesamt.de/sites/default/files/medien/361/bild
er/dateien/2019-04-
15_uba_tabelle_spezifische_ef_strommix_luftschadstoffe_update_2017.pdf

wirtschaftslexikon24. (19. 06 2019). wirtschaftslexikon24. Abgerufen am 19.
06 2019 von wirtschaftslexikon24:
http://www.wirtschaftslexikon24.com/d/externe-kosten/externe-
kosten.htm